D1690883

**Josua Fett
Die Mehr-Wert-Strategie**

Josua Fett

Die Mehr-Wert-Strategie

So setzen Sie höhere Preise beim Kunden durch

verlag
moderne industrie

Die Deutsche Bibliothek – CIP-Einheitsaufnahme

Fett, Josua:
Die Mehr-Wert-Strategie : so setzen Sie höhere Preise beim Kunden Durch / Josua Fett. – Landsberg/Lech : mi, Verl. Moderne Industrie.
1999
  ISBN 3-478-24090-5

© 1999 verlag moderne industrie, 86895 Landsberg/Lech
http://www.mi-verlag.de
Alle Rechte, insbesondere das Recht der Vervielfältigung und Verbreitung sowie der Übersetzung, vorbehalten. Kein Teil des Werkes darf in irgendeiner Form (durch Fotokopie, Mikrofilm oder ein anderes Verfahren) ohne schriftliche Genehmigung des Verlages reproduziert oder unter Verwendung elektronischer Systeme gespeichert, verarbeitet, vervielfältigt oder verbreitet werden.
Umschlaggestaltung: Daniela Lang, Stoffen
Satz: mi, M. Zech
Druck: Himmer, Augsburg
Bindearbeiten: Thomas, Augsburg
Printed in Germany 240 090/059901
ISBN 3-478-24090-5

Inhaltsverzeichnis

Vorwort 7

1. **Mehr-Preise mit Überzeugung durchsetzen** 13

    1.1 Bieten Sie Ihren Kunden echte Mehr-Werte? 13
    1.2 Stehen Sie selbst zu Ihren Preisen? 26
    1.3 Wie Ihre innere Haltung nach außen wirkt 32
    1.4 Mehr-Werte rational und emotional verinnerlichen 44

2. **Begeisterung – die Zauberformel für gute Preise** 51

    2.1 Die Begeisterung für die eigene Person 51
    2.2 Stolz sein auf Ihr Unternehmen
         und seine Produkte 64
    2.3 Begeisterung für Ihre Kunden entwickeln 70
    2.4 Positive Ansätze aus der Praxis 80

3. **Mehr-Werte durch emotional starke Beziehungen** 87

    3.1 Die Bedeutung der Gefühlsebene im Preisgespräch 87
    3.2 Wissen sammeln über Ihre Kunden 92
    3.3 Die Verkaufsargumente
         auf den Kunden abstimmen 107
    3.4 Den Schlüssel zu Ihrem Gesprächspartner finden 110
    3.5 Den Gesprächspartner aufschließen für das Geschäft 123
    3.6 Vertrauensbildende Maßnahmen entwickeln 128
    3.7 Mehr-Werte zielgruppengerecht transportieren 150

4. **Die Ausschöpfung des Prozeßoptimierungspotentials** 169

    4.1 Der Verkaufsprozeß im Wandel der Zeit 169
    4.2 Die Prozesse rund um das Produkt analysieren 176

4.3 Die neue Denkweise mit Leben erfüllen 190
4.4 Praxisbeispiele für optimierte Prozesse 196
4.5 Die innerbetrieblichen Voraussetzungen schaffen 214

Schlußwort 225

Literaturverzeichnis 227

Stichwortverzeichnis 229

Vorwort

Billig! Superpreise! Sonderangebot! Schleuderpreise! Größter Preissturz aller Zeiten! Aktionspreise! Alle Zeitungen, Handzettel und Werbebotschaften vermitteln den Verbrauchern diese Botschaften.

International tätige Preisagenturen haben diesen Trend erkannt und verdienen jetzt an den von ihnen durchgeführten Preisrecherchen. Per Internet besteht zudem die Möglichkeit, weltweite Preisvergleiche durchzuführen, um sich die Ware dann vom günstigsten Anbieter per Schnellversand anliefern zu lassen.

Tom Peters schreibt in seinem Buch „Der Innovationskreis" dazu: „Alle beschweren sich über dasselbe. Mit fast den gleichen Worten (um ehrlich zu sein, es ist fast unheimlich): ‚Wir sind auf einmal von zig neuen Konkurrenten umzingelt. Die zig neue Produkte anbieten. Die alle von guter Qualität sind. Die Kunden werden immer wertorientierter. Die Distributoren lassen hemmungslos ihre Muskeln spielen. Meine Margen schrumpfen. Mein Produkt/meine Dienstleistung wird zu einem Massenartikel'. Und sie haben recht. Wir erfahren gegenwärtig den Fluch der Gleichheit. Gute Produkte, die schnell auf den Markt kommen. Doch alles schmeckt gleich, fühlt sich gleich an, rechnet sich gleich und sieht auch gleich aus ... deshalb bedenken Sie, wie wichtig die Arbeit am *nächsten Akt* ist, oder: Tod dem Fluch des immer gleichen." Ende des Zitats von Tom Peters.

Eines ist doch aber klar: Wenn wir es nicht lernen, den *nächsten Akt* zu entwickeln und dadurch Mehr-Werte zu bieten, dann schaffen wir es auch nicht, bessere Preise durchzusetzen. Sind wir jedoch davon besessen, ständig auf der Suche nach Mehr-Werten zu sein, haben wir zumindest beste Chancen, unsere Preise am Markt zu realisieren.

Die Auswirkungen der Billigpreis-Strategien

Lassen Sie den Gedanken an Billigpreis-Strategien sich gar nicht erst einnisten, denn es gibt im Marketingmix nicht nur dieses eine Element, den billigen Preis, nicht alle Kunden wollen nur noch billig kaufen. Bei einer genaueren Betrachtung erkennen wir sofort die langfristigen und prozessualen Auswirkungen von Billigpreis-Strategien, nämlich daß durch diesen unvorstellbaren Preiskrieg ein Teufelskreis entsteht:

- Die meisten Handelsunternehmen erzielen im operativen Bereich keinen Gewinn mehr.
- Somit fehlen Rücklagen für Investitionen.
- Außerdem können den Mitarbeitern keine vernünftigen Gehälter mehr gezahlt werden.
- Dadurch fehlt die Motivation im Umgang mit den Kunden.
- Das hat zur Folge, daß ein schlechtes Image beim Verbraucher entsteht.
- Die Konsequenz: Der Kunde will noch weniger zahlen und achtet noch mehr auf die Preise.

Durchleuchten wir die Folgen auch in der produzierenden Ebene: Dort entsteht durch die schlechten Erträge ebenfalls ein gigantischer Druck bei den Abgabepreisen an den Handel. Dadurch bilden sich regelrechte Fronten, an denen sich die Parteien bekriegen und gemeinsame Interessen aus den Augen verlieren. Deshalb fehlt der Gewinn, um Produktinnovationen zu erforschen und herzustellen.

Der lachende Dritte in diesem Bunde scheint auf den ersten Blick der Endkunde zu sein, da er von den stetig sinkenden Preisen am meisten profitiert. Doch stimmt das wirklich? Was hilft denn der niedrige Preis, wenn das gekaufte Produkt den ihm zugedachten Zweck aufgrund irgendwelcher Mängel nicht voll oder gar nicht erfüllt? Wenn Ersatzteile nur zu horrenden Preisen oder vielleicht gar nicht verfügbar sind? Wenn keine Anwendungsberatung abrufbar ist? Wenn das beim Kauf Gesparte als „Versicherungsprämie" für das mit dem minderwertigeren Produkt verbundene Risiko einkalkuliert werden muß? Wenn das Ambiente, der Spaß und die Freude beim Einkauf auf der Strecke bleiben und sich alles nur auf den rein rationalen Beschaffungsprozeß reduziert?

Die Fehlentwicklung stoppen

Fragen über Fragen, die sich hier stellen und die einer sorgfältigen Betrachtung bedürfen, um Lösungen zu finden, die allen dienen: der Industrie, dem Handel und den Endkunden. Damit wir Gewinner-Gewinner-Gewinner-Beziehungen aufbauen können – Lösungen, die von Mehr-Werten auf allen Seiten geprägt sind. Hierbei geht es nicht darum, sich gegenseitig über den Tisch zu ziehen und Mondpreise durchzusetzen, sondern im Mittelpunkt dieser Betrachtungen steht der Nutzen für alle Beteiligten.

Dieser Nutzen besteht unter anderem auch darin, daß ordentliche Gewinne in einer gut funktionierenden Volkswirtschaft einen bedeutenden Erfolgsfaktor darstellen. Prof. Bruno Tietz schreibt dazu in seinem Buch „Marktbearbeitung morgen": „Ein Markenartikelhersteller, der durch für ihn untragbare Preiszugeständnisse keine Kraft mehr für die Produktentwicklung hat, muß langfristig Marktanteile verlieren."

Legen wir diesen Grundsatz auf ein Land um, so gilt die gleiche Aussage: Ein Land, das durch untragbare Preiszugeständnisse keine Kraft mehr für Forschung und Entwicklung hat, wird langfristig im internationalen Geschehen an Bedeutung verlieren. Gerne zitiere ich hier Bill Clinton, der sagte: „Jede Nation ist wie ein großes Unternehmen, das auf dem Weltmarkt mit anderen konkurriert." Interessant bei all diesen Betrachtungen ist in diesem Zusammenhang, daß viele der in ihren Bereichen marktführenden Unternehmen nicht die kategorischen Billiganbieter sind. Nehmen Sie hier als Beispiel Unternehmen wie:

- Michelin Reifenwerke
- Miele Hausgeräte

- Viessmann Heiztechnik
- WMF AG
- Boss AG

Wie diese und andere Unternehmen es geschafft haben, ihre Preise hoch zu halten, und was wir von diesen Unternehmen lernen können, werden Sie in diesem Buch erfahren.

Mehr bieten statt weniger verlangen

Eine Umfrage der GfK (Gesellschaft für Konsumforschung) ergab, daß 43 Prozent aller Verbraucher bewußt Wert darauf legen, Markenartikel zu kaufen, und auch gewillt sind, dafür mehr zu investieren. Das bedeutet in der Konsequenz, daß nicht jeder Verbraucher nur auf den Preis sieht, sondern viele Kunden sich gerne von den Werten überzeugen lassen wollen. Doch wo sind diese Werte zu finden?

Natürlich können diese Werte bei Prestigeprodukten wie Uhren, Mode, Düften usw. leichter vermittelt werden, als dies zum Beispiel bei Schrauben, Unterlagscheiben und Latexfarbe der Fall ist. Doch auch bei weitgehend standardisierten Produkten gibt es Strategien, um durch höhere Werte auch bessere Preise durchsetzen zu können. Davon abgesehen steht in unserem Lande eine unvorstellbar hohe Menge an Geld zur Verfügung, wie in Abbildung 1 sichtbar wird.

Jetzt ist es an der Zeit, Konzepte und Methoden zu erarbeiten, die uns helfen, unseren Kunden klarzumachen, warum es sich lohnt, mehr zu investieren und bei Anschaffungen nicht nur auf den Preis, sondern auch auf die dahinter verborgenen Werte zu achten. Wir müssen uns viel intensiver mit unseren Zielgruppen und deren echten Wünschen und Bedürfnissen beschäftigen, in deren Erwartungshaltung eindringen und diese nicht nur befriedigen, sondern weit übertreffen und somit Mehr-Werte bieten. Es geht auch gar nicht mehr darum, die Kundenzufriedenheit zu erforschen und zu erfüllen, sondern darum, Kunden von unseren Leistungen zu begeistern.

Das Geldvermögen in Deutschland in Milliarden DM	
Bargeld und Sichteinlagen	917,6
Termingeld	953,1
Spareinlagen	939,9
Bausparverträge	155,3
Lebensversicherungen	958,5
Geldmarktpapiere	41,5
Festverzinsliche Wertpapiere	721,2
Investmentzertifikate	413,3
Aktien	884,5
Sonstige	941,9
Gesamt	**6926,8**

Abb. 1: Geldvermögen in Deutschland (1997)

Sie diesem Ziel näher zu bringen ist die Aufgabe des Buches, das Sie in Ihren Händen halten. Lassen Sie sich von den Ideen und Konzepten inspirieren und anstecken, prüfen Sie, wie Sie die gewonnenen Erkenntnisse in der Praxis umsetzen können. Dazu stehen Ihnen eine Menge Checklisten und weitere Realisierungshilfen zur Verfügung.

Viel Freude beim Lesen und noch mehr Freude beim Umsetzen, wenn Sie mit Erich Kästner der Meinung sind:

> Es gibt auf dieser Welt nichts Gutes, außer man tut es.

Ihr
Josua Fett

1. Mehr-Preise mit Überzeugung durchsetzen

1.1 Bieten Sie Ihren Kunden echte Mehr-Werte?

Nach meinem Vortrag anläßlich einer großen Veranstaltung in München lernte ich den Verkaufsdirektor eines bedeutenden Unternehmens kennen, und er berichtete mir von seiner Situation: „... lange Jahre konnten wir unsere Preise am Markt einwandfrei durchsetzen, unsere Kunden akzeptierten, daß wir etwas teurer sind als alle Wettbewerber, wir zehrten lange von unserem Namen, der für Qualität und Präzision steht ... Aber in letzter Zeit spüren wir einen unvorstellbar hohen Preisdruck, unsere Erträge fallen in den Keller, die Wettbewerber sind derart preisaggressiv, und wenn das so weitergeht, dann wird es für uns langsam ziemlich bedrohlich. Genau deshalb möchten wir mit Ihnen zusammenarbeiten. Ich habe das Gefühl, Sie verstehen unsere Branche und können uns Hilfestellungen geben. Jetzt müssen wir nur in einem gemeinsamen Gespräch bei meiner Geschäftsleitung ein Budget für die Beratung und die Trainings loseisen. Wann könnten Sie denn in unsere Zentrale kommen, damit wir darüber sprechen können?" Wir vereinbarten einen Termin in seinem Hause, bei dem alle weiteren wichtigen Manager des Unternehmens anwesend sein sollten.

Auf diesen Termin bereitete ich mich sehr sorgfältig vor, ich ließ mir alle Prospekte, Kundenmagazine und andere Unterlagen über das Unternehmen zusenden, studierte diese im Vorfeld, stöberte im Internet und schrieb mir aus allem ein Exzerpt.

Auf meinen vielen Reisen besuchte ich unterwegs auch zwei Händler. Ich versuchte herauszufinden, wie diese über das Unternehmen denken und welches Image im Markt vorherrscht.

Der Kundenempfang kann disqualifizieren

Ich fuhr entspannt und bester Dinge in die Zentrale des Unternehmens. Da es heftig regnete, versuchte ich, meinen Wagen in der Nähe des Haupteingangs abzustellen, um nicht allzu naß zu werden. Dort war ein großer Parkplatz mit einigen freien Plätzen. Kaum stellte ich den Motor ab, klopfte es an meine Scheibe, und ein kräftiger Portier fragte mich ziemlich barsch, ob ich denn nicht lesen könne, dieser Parkplatz sei nur für die Geschäftsleitung, der Besucherparkplatz befinde sich auf der anderen Straßenseite: „Fahren Sie da hoch. Nach 200 Metern sehen Sie das Schild ‚Besucherparkplatz', stellen Sie dort Ihren Wagen ab, und melden Sie sich dann bei uns an." Widerwillig parkte ich aus und fuhr auf den besagten Parkplatz. Der erste Kontakt mit diesem Unternehmen erschreckte mich, das war alles andere als Mehr-Wert.

Zum Glück hatte ich einen kleinen Schirm im Fahrzeug, unter dem ich mich auf den Weg Richtung Eingang machte. Als ich nach einigen Minuten dort ankam, meinen Schirm abstellte und mich anmelden wollte, nahm der Portier zuerst gar keine Notiz von mir, da er sich mit seinem Kollegen sehr angeregt über die Fußballergebnisse vom Wochenende unterhielt. Nach einigen Minuten blickte er durch seine halbe Brille zu mir und fragte mich gönnerhaft: „Na, wo wollen wir denn hin?" Ich gab den Namen des Verkaufsdirektors an, er rief bei dessen Sekretärin an und meinte dann: „Füllen Sie bitte diesen Besucherausweis aus, und geben Sie ihn mir zum Abzeichnen, Sie werden dann abgeholt."

Ich füllte jetzt mit größter Sorgfalt den Ausweis aus, er prüfte ihn gründlich – offenkundig traute er mir nicht so recht –, und ich wurde wie angekündigt von der Sekretärin abgeholt. *Auch der zweite Kontakt lieferte keine Mehr-Werte.*

Die Sekretärin kam kurzatmig und hektisch auf mich zu und erzählte mir gleich von dem unvorstellbaren Streß, den sie hätte: „Wissen Sie, unsere Geschäftsleitung ist heute im Haus, da ist immer die Hölle los, ich glaub', ich werde noch verrückt hier drin." *Dritter Kontakt ohne Mehr-Werte.*

Wir verließen den Aufzug im obersten Stockwerk, sie begleitete mich in das Besprechungszimmer und meinte, ich müßte mich wohl noch einen Moment gedulden. Als ich so allein im Besprechungszimmer stand, vergeblich eine Kaffeekanne suchte und dann aus dem Fenster schaute, dachte ich darüber nach, welchen Eindruck wohl ein Kunde von diesem Unternehmen haben müßte.

Was würde in seinem Kopf wohl nach der Portier-Parkplatz-Geschichte vorgehen? Waren das Mehr-Werte, die da geboten wurden? Sind denn nicht gerade die Portiers oder die Damen und Herren in der Telefonzentrale die wichtigsten Visitenkarten, die Aushängeschilder eines Unternehmens? Darf es wirklich wahr sein, daß Kunden und Besucher auf einem abseits gelegenen Parkplatz ihre Fahrzeuge abstellen und so weit laufen müssen? Kann es angehen, daß man fast einen Antrag stellen muß, der dann noch sorgfältig geprüft wird, ob auch wirklich alles korrekt ausgefüllt wurde? Macht eine solche Begrüßung von der Sekretärin wirklich Lust und Laune, diesem Unternehmen zu vertrauen, sich auf die Geschäftsbeziehung zu freuen und dort einzukaufen? Gut, ich war zwar kein Kunde, aber das wußte ja niemand; ich hätte also durchaus ein solcher sein können.

Die alles entscheidende Frage, wenn wir bessere oder höhere Preise, also Mehr-Preise, am Markt durchsetzen wollen, lautet: „Bieten wir im gesamten Verhalten gegenüber unseren Kunden Mehr-Werte? Mehr-Werte vom Erstkontakt bis zum Projektabschluß und darüber hinaus?" Mit diesem Gedanken und mit nichts anderem beschäftigt sich dieses Buch. Doch zurück zu dem gerade beschriebenen Szenario.

Pluspunkte sammeln von Anfang an

Während ich vom Fenster aus den Verkehr beobachtete, ging mir ein Erlebnis durch den Kopf, das ich bei der deutschen Tochtergesellschaft eines der größten amerikanischen Unternehmen in der Medizintechnik hatte.

Dort besuchte ich ebenfalls die Zentrale zu einem ersten Gespräch. Schon als ich an die Schranke fuhr, erlebte ich eine Überraschung: Diese öffnete sich nämlich wie von Geisterhand, ich fuhr langsam weiter und sah direkt vor dem Haupteingang einen freundlich winkenden Portier, der an mein Fenster kam und „Herzlich Willkommen" rief. *Der erste konkrete Mehr-Wert.*

Ich stieg aus. Er fragte ob er meinen Wagen in der Tiefgarage parkieren dürfe. „Wissen Sie, bei dieser Hitze heute steht er dort schön kühl, das kann für Sie, wenn Sie nachher wieder losfahren, recht angenehm sein. Sie erreichen den Empfang indem Sie im Aufzug einfach ‚E' drücken. Hier ist eine Marke, damit Sie nachher von meinem Kollegen den Schlüssel für Ihren Wagen erhalten." Peng! *Der zweite greifbare Mehr-Wert.*

Ich nahm meine Tasche aus dem Kofferraum, zog mein Sakko an und ging zum Eingang, die elektrische Tür öffnete sich, und ich sah direkt vor mir ein großes Paneel mit der Beschriftung:

> Wir freuen uns heute über den Besuch von:
>
> 08.30 Uhr Rolf und Andreas Bauer, Stuttgart
> 09.00 Uhr Horst Eigenhof, Frankfurt
> 09.30 Uhr Josua Fett, München

So ging diese Aufstellung weiter mit Uhrzeiten bis zum späten Nachmittag. Mein erster positiver Eindruck setzte sich also nahtlos fort. *Der dritte Mehr-Wert.*

Eine nette Dame kam strahlend auf mich zu und sagte zu mir: „Sie sind bestimmt Herr Fett, habe ich recht?" Ich schaute kurz an mir runter, wohl wissend, daß da vielleicht fünf Kilo zuviel auf der Waage sind, und fragte: „Sieht man, daß ich Fett heißen muß?" Ein herzliches Lachen erfüllte die Empfangshalle, und sie meinte: „Nein, so habe ich das nicht gemeint Ich sah nur, wie erstaunt Sie auf unser Begrüßungspaneel schauten. Da es ja Viertel nach neun ist, dachte ich, Sie sind sicher unser nächster Gast." *Ein nahtloser Übergang zum vierten Mehr-Wert.*

Wir lachten beide, und sie bat mich in eine gemütliche Begrüßungsecke des Foyers, bot mir an einer kleinen Theke einen leckeren Espresso an und erkundigte sich danach, ob ich den Weg gut gefunden hätte. „Herr Müller weiß schon Bescheid, daß Sie hier sind, ich begleite Sie gleich nachher zu seinem Büro. Übrigens, wissen Sie schon, was das Wertvollste in unserem Unternehmen ist?" „Nein", sagte ich, „keine Ahnung, vielleicht die Herstellungsmethoden oder Ihre Kundendaten?"

„Kommen Sie, ich zeige es Ihnen." Sie lachte mich an und ging mit mir auf eine Tür zu, auf der folgendes zu lesen war:

Hier sehen Sie gleich das Wertvollste, was es in unserem Unternehmen gibt. Machen Sie die Tür auf!

Ich öffnete die Tür und sah einen Spiegel, der die ganze Tür ausfüllte. Darauf stand:

SIE !

Im gleichen Moment leuchtete ein greller Blitz über dem Spiegel auf. Ich erschrak etwas, fand aber, daß dies ein toller Gag war. Wir gingen wieder zu der kleinen Espressobar, ich trank aus und sah mich im Foyer ein wenig gründlicher um. Fast alle Wände waren mit Collagen dekoriert. Beim genaueren Hinsehen stellte ich fest, daß es sich um Bilder und Logos von den Kunden des Unternehmens handelte. Eine ganze Wand war mit folgenden faszinierenden Aussagen versehen:

- Der Kunde ist der bedeutendste Besucher unseres Hauses. Er ist nicht von uns abhängig. Wir hängen von ihm ab.
- Er ist nicht eine Unterbrechung unserer Arbeit. Er ist der Zweck.
- Er ist nicht ein Außenseiter in unserem Geschäft. Er ist ein Teil von ihm.
- Wir tun ihm keinen Gefallen, indem wir ihn bedienen. Er tut uns einen Gefallen, indem er es uns ermöglicht.

Und jetzt kam für mich die absolute Überraschung, wer diesen Ausspruch wohl getätigt hat. Ich dachte zuerst an Tom Peters oder Kasimir Magyar, also Managementgurus. Nein: Dieser Ausspruch stammt von Mahatma Gandhi. Wirklich eindrucksvoll, was ich hier bereits in den ersten fünf Minuten alles erleben konnte. Die nette Dame rief nach mir und zeigte mir beim Näherkommen einen Ausweis mit einem Band zum Umhängen, fast genauso wie der, den sie trug, nur mit dem Unterschied, daß dieser Ausweis mit meinem Namen und meinem Foto versehen war!

Jetzt war meine Verwirrung komplett. „Woher haben Sie denn diesen Ausweis mit meinem Bild und meinem Namen?" Sie grinste und fragte mich: „Können Sie sich noch an den Blitz über dem Spiegel hinter der Tür erinnern?" Jetzt war mir die Sache klar. Stolz hängte ich mir den Ausweis um und hatte auf dem Weg zu Herrn Müller schon ein wenig das Gefühl, kein Außenseiter, sondern Teil dieses Unternehmens zu sein. *Der fünfte Mehr-Wert.*

Kundenempfang: Der erste Eindruck zählt

Achten Sie sorgfältig auf diese „Kleinigkeiten", wenn Kunden Sie in Ihrem Unternehmen oder Ihrer Niederlassung besuchen, es lohnt sich.

- Die besten Parkplätze sind für unsere Kunden, nicht für die Geschäftsleitung reserviert.
- Unsere Portiers und der Empfang haben eine Liste mit den vollständigen Namen aller Besucher des aktuellen Tages und den ungefähren Anreisezeiten.
- Unsere Kunden werden persönlich von geschulten Mitarbeitern begrüßt und weitergeleitet.
- Wir zeigen unsere Gastfreundschaft durch Kleinigkeiten beim Empfang (frischer Kaffee, Obstkorb, Eistee im Sommer usw.).
- Unserem Kunden wird von Anfang an das Gefühl vermittelt, die wichtigste Person im Unternehmen zu sein.
- Der Kundenbesuch ist präzise vorbereitet, und alle Ansprechpartner haben Zeit für den Besucher.
- Der Kunde erhält nach dem Besuch ein kleines Präsent, damit er sich immer an den Aufenthalt bei uns erinnert.

Mehr-Preise – nur gute Gründe überzeugen

So sann ich über meine Erfahrungen bei dem amerikanischen Unternehmen. Doch plötzlich wurde ich aus meinen Erinnerungen jäh herausgerissen. Eine Tür ging auf, und jemand sagte zu mir: „Guten Tag, Herr Fett."

Ich drehte mich um und schrak aus meiner Abwesenheit. Mein Besuch heute fing ja ganz anders an. Ich war bei diesem großen deutschen Unternehmen, dessen Verkaufsdirektor ich auf dem Kongreß kennengelernt hatte. Der Verkaufsdirektor und ich begrüßten uns und setzten uns an den Besprechungstisch.

Er informierte mich über die einzelnen Teilnehmer, die gleich zu uns stoßen würden, und gab mir noch einige wichtige Hintergrundinformationen zu den Personen. Da ging auch schon die Tür auf, und vier Personen kamen herein. Wir tauschten unsere Visitenkarten aus, und der Verkaufsdirektor ergriff das Wort. Er erzählte kurz, wie der Kontakt zustande gekommen war, und stellte mir die Personen vor: den kaufmännischen Geschäftsführer, den technischen Geschäftsführer, den Versandleiter und den Leiter der Forschung und Entwicklung.

Der kaufmännische Geschäftsführer, der sozusagen der „Primus inter pares" war, sagte zu mir: „Dann erklären Sie uns bitte mal, wie wir das schaffen können, höhere Preise am Markt durchzusetzen. Was schlagen Sie uns denn für Maßnahmen vor?"

Das war natürlich die 100.000-Dollar-Frage. Ich wußte noch relativ wenig über das Unternehmen und sollte schon eine Patentlösung präsentieren.

Die Situation war mir jedoch bekannt, und ich ergriff das Wort: „Sehen Sie, immer dann, wenn Sie Mehr-Preise am Markt realisieren wollen, müssen Sie sich fragen, welche Mehr-Werte Sie Ihren Kunden für diese höheren Preise bieten, und zwar solche Mehr-Werte, die sie auch wirklich benötigen und akzeptieren." Um das Ganze noch etwas deutlicher zu machen, ging ich an das Flipchart und zeichnete folgendes Bild:

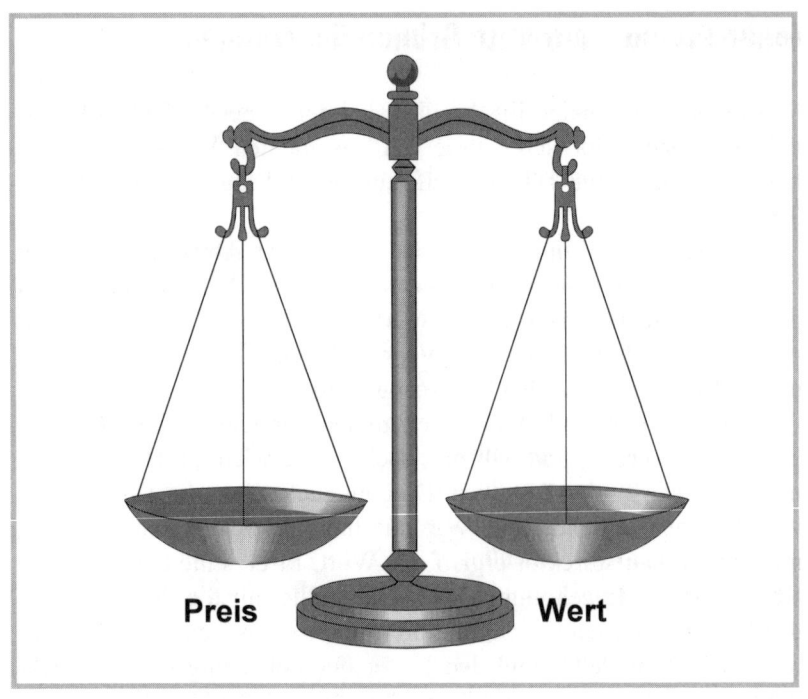

Abb. 2: Das Preis-Wert-Gleichgewicht

Ganz klar, jeder Kunde stellt diesen Vergleich an, er stellt den Preis dem gebotenen Wert gegenüber. In aller Regel wiegt für den Kunden der Preis höher als der Wert. Vermutlich hat noch kein Kunde zu Ihnen gesagt: „Sie sind zu billig, schlagen Sie mal etwas drauf, dann kaufe ich bei Ihnen." Das Ziel ist also, die Waagschalen in den oben dargestellten Zustand zu bekommen, damit der Kunde erkennt, daß er bei uns Preis-Wert kauft. Wir reden hier also nicht von billig und nicht von teuer.

Die anwesenden Personen nickten mit den Köpfen und fanden das alles recht logisch. Dann stellte ich folgende Frage: „Sagen Sie, wo sind Ihre Mehr-Werte, wofür soll ein Kunde bei Ihnen mehr zahlen, als bei einem Wettbewerber?"

Der kaufmännische Geschäftsführer ergriff das Wort und erzählte von der prompten Auftragsabwicklung, dem tollen Service, dem hervorragenden Kundendienst und der Werbeunterstützung bei den Marktpartnern. Da fiel ihm der Verkaufsdirektor ins Wort und sagte: „Das können unsere Wettbewerber mittlerweile auch und manchmal sogar viel besser als wir. Sie wissen doch, wie wir in der letzten Kundenumfrage abgeschlossen haben, das war nicht gerade rühmlich."

Darauf schaltete sich der technische Geschäftsführer ein. Er lobte die hohe Präzision der Produkte, die geringe Ausfallquote und die hohen Standzeiten, gepaart mit den langen Serviceintervallen. Aber der kaufmännische Geschäftsführer unterbrach ihn: „Das war einmal, die Wettbewerber sind heute, was die Technik betrifft, genauso gut wie wir, die haben oft sogar noch weniger Ausfälle, und die Serviceintervalle sind vergleichbar lang."

Ich hörte aufmerksam zu, machte mir viele Notizen und konnte nach einiger Zeit die gleiche Diskussion zwischen dem Versandleiter und dem Leiter der Forschung und Entwicklung hören. Fast wäre es sogar zu einem handfesten Streit zwischen den anwesenden Personen gekommen.

Offenkundig wußten die Anwesenden selbst nicht so ganz genau, wofür sie denn nun wirklich höhere Preise als die Wettbewerber wollten. Aber eines stand fest: Ich hatte mitten in das Wespennest gestochen und den Anwesenden den wunden Punkt klargemacht.

Schreiben Sie doch bitte an dieser Stelle Ihre Antworten zu den drei nachfolgenden Fragen auf. Wenn diese sämtlich positiv ausfallen, dann lohnt es sich für Sie nicht, weiterzulesen. Sollten Sie jedoch bei einem der Punkte Ihre Mühe haben, ist dieses Buch für Sie der richtige Ratgeber.

- Welche echten Mehr-Werte bieten Sie und Ihr Unternehmen?
- Sind diese wirklich noch aktuell?
- Was können Sie *wirklich* besser als Ihre Wettbewerber?

Mehr-Werte schaffen und transparent machen

Als sich die Situation wieder ein wenig entspannte, ergriff ich das Wort: „Sehen Sie, Ihr Ziel ist, Mehr-Preise am Markt zu realisieren. Das schaffen Sie aber nur dann, wenn Sie auch Mehr-Werte bieten. Aus diesem Grund lassen Sie uns doch da beginnen. Lassen Sie uns im ersten Schritt gemeinsam prüfen, wie wir es schaffen, diese Wertwaagschale zu füllen. Dazu müssen wir ergründen, welche Mehr-Werte Ihre Kunden von Ihnen erwarten, um dann aufzuzeigen, wie der Kunde erkennt, daß Ihre Produkte wert-voll sind. Lassen Sie uns prüfen, wie wir die in den Produkten verborgenen Werte transparent machen können. Außerdem sollten wir die gesamte Kundenkontakt-Kette auf Mehr-Wert-Potentiale hin überprüfen, um die Werte zu erhöhen. Wenn uns das gelingt, stehen unsere Chancen bestens, auch die von Ihnen geforderten Mehr-Preise durchzusetzen."

Ich fuhr weiter fort: „Geld ist doch nichts anderes als eine Form der Energie, die uns aus unserem Erfolg zuströmt. Genauso wie der Wind ein Windrad antreibt und dadurch Energie erzeugt, kann man dadurch, daß man Mehr-Werte schafft und im Markt ‚wehen' läßt, auch Mehr-Preise erzielen. Jedes Unternehmen im Markt gleicht einem Windrad, es kann immer nur soviel Energie in den Markt geben, wie es Kraft in sich birgt."

Alle nickten, und der kaufmännische Geschäftsführer bat mich darum, ein erstes Ideenpapier für die gemeinsame Vorgehensweise zur Suche und Generierung von Mehr-Werten zu konzipieren. Wir vereinbarten einen weiteren Termin für die Präsentation dieses Ideenpapiers und gingen auseinander.

Erinnert Sie diese Geschichte an etwas? Kennen Sie wirklich die Mehr-Werte Ihrer Produkte? Sind Sie stets auf der Suche nach neuen Mehr-Werten? Ist jeder in Ihrem Unternehmen besessen davon, Mehr-Werte zu schaffen und besser zu sein als irgendein Wettbewerber?

Welche tollen Wege werden eingeschlagen, um Mehr-Werte zu schaffen! Unsummen werden für die Zertifizierung nach ISO 9000 ausgegeben, ständig finden Audits statt, Verfahren werden schriftlich dokumentiert und vieles mehr. Wozu und wofür? Dafür, daß Ihre Wettbewerber mittlerweile auch alle zertifiziert sind und somit wieder ein Gleichstand herrscht.

Richard Buetow, Direktor der Qualitätssicherung bei Motorola Business-Systems, sagt dazu folgendes: „Auch mit ISO 9000 können Ihre Verfahren und Produkte grauenhaft sein. Sie können einen Hersteller zertifizieren, der Schwimmwesten aus Beton herstellt, solange diese Schwimmwesten in Übereinstimmung mit den dokumentierten Verfahren hergestellt werden und der Hersteller die nächsten Angehörigen darüber aufklärt, wie Beschwerden über mangelnde Funktionalität vorgebracht werden können. Das ist absurd."

Gut, oder? Was ist denn Produktqualität? Qualität heißt doch nur, daß die Anforderungen erfüllt sind, nicht mehr und nicht weniger. Produktqualität ist heute die Eintrittskarte zum Markt und stellt keinen herausragenden Wert mehr dar. Die Grundfrage lautet vielmehr, ob überall in einem Unternehmen, also in jeder Zelle, die Suche nach Mehr-Werten stattfindet. Dazu gehört, daß Sie prüfen, wie Sie Ihr Geschäft anders betreiben können, und daß Sie mit Mikro-Marketing-Maßnahmen Ihrer eigenen Marke zu eigenen Mehr-Werten verhelfen.

Benchmarking ist auch eines der Schlagworte, die uns in letzter Zeit immer wieder begegnen. Was bedeutet das? Es bedeutet, daß man sich immer am Besten orientiert und ihn in irgendeiner Art und Weise noch ein wenig zu übertreffen sucht. Im Endeffekt tut man aber doch nur das gleiche wie der Wettbewerber, vielleicht eine nicht zu erkennende Winzigkeit besser. Gehen Sie wirklich ganz neue und eigene Wege, anstatt Wettbewerber zu kopieren! Eine Kopie ist immer schlechter als das Original. Eigene Wege zu gehen bedeutet, sich aus der Masse herauszuheben und revolutionär anders zu sein.

Und das geht. Es geht sogar dann, wenn Sie Massenprodukte verkaufen, die genormt und völlig austauschbar sind, wie Sie in diesem Buch noch erfahren. Lassen Sie uns gemeinsam auf die Reise gehen. Sie werden in diesem Buch alles darüber erfahren, wie Sie es schaffen, Mehr-Werte zu bieten durch:

- die innere Einstellung und damit verbunden die Ausstrahlung und Begeisterung aller Personen die Kundenkontakt haben;
- die Professionalität der Organisation des Verkäufers und seines Umfeldes;
- echte Mehr-Werte, die zielgruppengerecht vermittelt werden;
- Ausschöpfung des Prozeßoptimierungspotentials;
- die am Mehr-Wert orientierte Mitarbeiterführung.

Ich möchte Sie gerne einladen zur gemeinsamen Suche nach Mehr-Werten. Fangen wir doch bei der wichtigsten Person Ihres Unternehmens an, nämlich bei Ihnen selbst.

Checkliste

- Gibt es echte Mehr-Werte in Ihrem Unternehmen?

_____

_____

- Können Sie alle echten Mehr-Werte, die Sie Ihren Kunden bieten, sofort und sicher aufzählen?

_____

_____

- Sind das wirklich echte Mehr-Werte, also Dinge, die Sie wirklich besser können als alle Ihre Wettbewerber?

_____

_____

- Spüren Ihre Kunden ständig, daß sie der wichtigste Teil Ihres Unternehmens sind?

_____

_____

Checkliste *(Fortsetzung)*

- Sind alle Mitarbeiter in Ihrem Unternehmen davon „besessen", Mehr-Werte für die Kunden zu schaffen?
  _____
  _____

- Werden Ihre Kunden begeistert am Telefon begrüßt?
  _____
  _____

- Werden Ihre Kunden begeistert beim persönlichen Besuch begrüßt?
  _____
  _____

- Sind die besten Parkplätze für Ihre Kunden reserviert?
  _____
  _____

- Haben Sie gebührenfreie Rufnummern für Ihre Kunden eingerichtet?
  _____
  _____

- Werden Ihre Kunden bei auftretenden Unklarheiten sofort zurückgerufen?
  _____
  _____

- Erhalten Ihre Kunden bei Reklamationen innerhalb von 24 Stunden einen Bescheid?
  _____
  _____

> **Checkliste** *(Fortsetzung)*
>
> - Sehen Sie Ihr Unternehmen oft mit den Augen Ihrer Kunden?
>
>   _____
>
>   _____
>
> - Was tun Sie persönlich, um keine zufriedenen, sondern begeisterte Kunden zu haben?
>
>   _____
>
>   _____

1.2 Stehen Sie selbst zu Ihren Preisen?

Es war irgendwann im Winter des Jahres 1997. Ich saß abends mit einigen Seminarteilnehmern eines großen Industrieunternehmens beim Abendbrot und spürte die gute Stimmung in der Mannschaft.

Nur einer der Anwesenden blieb während der gesamten Zeit sehr still und abweisend. Als wir nach einiger Zeit in der Kaminstube saßen und ein wenig über den Tag und die Seminarinhalte diskutierten, meldete sich dieser dann, nennen wir ihn Karl, zu Wort.

Er meinte, das Seminar habe ihm bislang ganz gut gefallen, die Realität draußen am Markt sei doch aber ganz anders. Er leitete seine Sätze ein mit den Worten: „Herr Fett, das ist ja alles gut und recht, doch wenn wir mal ganz ehrlich sind ..." und versuchte, durch die Verwendung des Plurals, „wir", ganz bewußt Stimmung zu machen und andere Teilnehmer auf seine Seite zu ziehen.

Ich wurde natürlich sehr hellhörig, denn immer wenn ich jemanden sagen höre: „Wenn ich mal ganz ehrlich bin ...", dann frage ich mich, wie diese Person wohl sonst ist, also dann wenn sie mal nicht gerade zufällig ganz ehrlich ist. Schlimmer noch, wenn jemand diese Formulierung im Plural verwendet, denn dann unterstellt er ja auch seinen Gesprächspartnern, daß sie nicht ganz ehrlich sind.

> Hand aufs Herz:
> Wie oft gebrauchen Sie die Formulierung:
> „Wenn ich mal ganz ehrlich bin"?

Aber zurück zu den Ausführungen des Teilnehmers.

Er erging sich darin, daß in dem Unternehmen, für das er tätig ist, das meiste nicht funktionierte. Er machte dies an einem Beispiel aus seiner täglichen Verkaufsarbeit fest: Einer seiner größten potentiellen Kunden, den er nun schon seit drei Jahren besuchte und dessen konkurrierenden Lieferanten er verdrängen möchte, gab ihm erstmals einen kleinen Auftrag über 12 000 DM. Dies sei zwar im Hinblick auf das Potential des Kunden von rund 500 000 DM nicht viel, aber er hatte nun den „Fuß drinnen". Natürlich gab er den Auftrag sofort per Telefon an die Zentrale, und von da an lief alles schief. Der versprochene Liefertermin konnte nicht gehalten werden, die Ware wurde zwei Tage zu spät und nicht in vereinbarter Qualität geliefert, die Rechnung wurde mit einem falschen Preis verschickt. Der enttäuschte Kunde reklamierte, aber er erhielt nicht einmal einen Rückruf oder eine Antwort vom Innendienst.

Siegessicher schaute mich Karl an und fragte: „Und das geht bei uns fast immer so, sagen Sie mir jetzt mal bitte, wie ich hier argumentieren soll. Das, was ihr Trainer erzählt, ist immer nur theoretisch und geht an dem, was wir (Stimmungsmacher Plural) jeden Tag draußen erleben, manchmal voll vorbei."

Demotivation ist ansteckend

Gleich nach diesem machtvollen Statement ergriff ein weiterer Teilnehmer das Wort und meinte nur: „Das, was Karl Ihnen hier erzählt hat, ist ja noch gar nichts, jetzt erzähl ich Ihnen mal, was mir passiert ist." Offenkundig hatte Karl sein Ziel erreicht und einen Verbündeten in der Mannschaft gefunden. Der tischte jetzt wirklich eine Horrorstory auf, die noch etwas dramatischer als die von Karl war. Mittlerweile floß das Bier schon etwas reichlicher, und die durch den Alkohol gelockerten Zungen gaben haarsträubende Dinge von sich.

Einige der Teilnehmer verabschiedeten sich und gingen auf ihre Zimmer, das tat ich auch. Mir ging eine alte persische Geschichte durch den Kopf, die ich in dem Buch „Der Kaufmann und der Papagei" von Nossrath Peseschkian gelesen hatte. Wollen Sie diese Geschichte gerne kennenlernen?

> Willst Du das Land in Ordnung bringen, mußt Du erst die Provinzen in Ordnung bringen. Willst Du die Provinzen in Ordnung bringen, mußt Du erst die Städte in Ordnung bringen. Willst Du die Städte in Ordnung bringen, mußt Du erst die Familien in Ordnung bringen. Willst Du die Familien in Ordnung bringen, mußt Du erst die eigene Familie in Ordnung bringen. Willst Du die eigene Familie in Ordnung bringen, mußt Du Dich in Ordnung bringen.

Ich fragte mich, wie wohl diese Verkäufer, die ja sich selbst nicht „in Ordnung" gebracht hatten, es jemals fertigbringen würden, ihr Gebiet und die Kunden darin „in Ordnung" zu bringen bzw. von den Produkten zu begeistern.

Erfolgshemmend – die negative Brille

Auf dem Weg zum Frühstücksraum traf ich Karl. Seine Augen waren etwas gerötet und seine Stimme noch leicht belegt, als er mich fragte: „Haben Sie schon dieses Scheißwetter heute gesehen?" Ich nickte kurz und meinte nur: „Ja, es regnet, aber ich hielt es heute früh mit Goethe und dachte für mich: Sei Gönner – laß es regnen."

Verständnislose Blicke von Karl trafen mich. Wir setzten uns dann im Frühstücksraum an einen Tisch, und er fragte mich nach dem ersten Schluck Kaffee, ob ich denn schon Nachrichten gehört hätte, was ich verneinte.

Karl erklärte mir, daß letzte Nacht ein Flugzeug abgestürzt sei und daß es vermutlich 140 Tote dabei gegeben hätte, „zum Glück" wäre es irgendwo in Taiwan oder so passiert. Ich überlegte für mich, wie ich diese Worte verstehen sollte, während er mich weiter vollbrabbelte. Ist es denn ein Glück, wenn so etwas weit weg passiert, sind dort Menschenleben weniger wert als in Frankfurt oder München?

Wieder schnappte ich einen seiner Gesprächsfetzen auf, er erzählte mir, die Arbeitslosenzahlen seien erheblich gestiegen und der Finanzminister habe etwas von Steuererhöhungen erzählt. „... und wie sollen wir denn hier unsere Hochpreispolitik durchsetzen, wenn es allen immer schlechter geht und keiner mehr Geld hat?"

Wahrscheinlich entnahm Karl meiner Miene, daß er doch etwas weit gegangen war mit seinen Ausführungen, denn nur so kann ich es mir erklären, daß er plötzlich ganz versöhnlich wurde und einlenkte: „... in den ganzen Seminaren habe ich ja wirklich auch schon viel gelernt, und das Schlüsselmodell *(siehe Seite 109)*, das Sie gestern aufzeigten, war ja auch sehr interessant. Aber eines steht doch ganz klar fest: Wir sind einfach im Vergleich zu allen Wettbewerbern viel zu teuer. Heute achten die Kunden auf die Preise noch viel mehr als früher. Wir haben doch überall diese kleinen ‚Lopez' sitzen, die irgendwie noch ein paar Prozente rauszukitzeln versuchen. Und alle Einkäufer bei unseren Kunden stehen heute unter einem gigantischen Erfolgsdruck. Denen geht doch nur eines durch den Kopf: Rabatt, Rabatt und nochmals Rabatt. Und damit müssen wir im Verkauf halt irgendwie zurechtkommen."

Als Karl so erzählte, fixierte ich ihn sehr genau und fand, daß er irgendwie ein sehr netter Mensch war, seine Lachfalten um die Augen wirkten sympathisch, und auch seine tiefe, sonore Stimme klang vertrauenerweckend. Gestern hatte er mir in einer Seminarpause voller Leidenschaft von seinem Hobby berichtet, dem Restaurieren von Oldtimern, da war er ganz anders. Es war deutlich zu spüren, mit welcher Leidenschaft er da zur Sache geht, wie er auf Details achtet und wie er allen Dingen auch etwas Gutes abgewinnt.

Was muß wohl passiert sein, daß er mittlerweile über alles, was mit dem Geschäft zu tun hat, so negativ denkt, so überkritisch und ablehnend ist? Warum stellt er das ganze Unternehmen und sämtliche Strategien in Frage? Und warum hat er so viele Bedenken, die Preise seiner exzellenten Produkte den Partnern im Markt begeistert zu vermitteln?

Sicher sind die Preise des Unternehmens, für das er tätig ist, nicht gerade niedrig, andererseits stehen absolute Spitzenleistungen bei den Produkten und im gesamten Produktumfeld dahinter. Außerdem ist das Unternehmen in seiner Branche unangefochten die Nummer eins im Markt, und das schon seit Jahren. Auch was neue Entwicklungen betrifft, die wirklich bahnbrechend sind, ist sein Unternehmen weltweit bekannt.

Übrigens, ist Ihnen in diesem Zusammenhang schon einmal aufgefallen, daß viele Unternehmen, die richtig groß geworden sind und den Markt beherrschen, auch eine konsequente Hochpreispolitik, gekoppelt mit einer Hochleistungspolitik, betreiben?

Checkliste

- Stehen Sie selbst voll und ganz hinter Ihren Preisen?
  _____
  _____

- Wie viele der brandgefährlichen „Karls"
  gibt es bei Ihnen?
  _____
  _____

- Wie schützen Sie sich gegen ihren Einfluß?
  _____
  _____

- Was tun Sie aktiv, um ihnen Einhalt zu gebieten?
  _____
  _____

Checkliste *(Fortsetzung)*

- Wie oft formulieren Sie „Wenn ich mal ganz ehrlich bin"?
  _____
  _____

- Wie oft reden Sie und Ihre Kollegen über Horrorstorys?
  _____
  _____

- Wie oft reden Sie und Ihre Kollegen über Erfolgsstorys?
  _____
  _____

- Wann haben Sie das letzte Mal sich und Ihre Denkweise zu Ihrem Unternehmen in Ordnung gebracht?
  _____
  _____

- Wie oft ärgern Sie sich im nachhinein selbst über Ihre Denkweise und Ihr Handeln?
  _____
  _____

- Was haben Sie getan, um diese Denkweisen zu ändern?
  _____
  _____

- Wie stark machen Sie Ihre Stimmungen von äußeren Umständen abhängig?
  _____
  _____

1.3 Wie Ihre innere Haltung nach außen wirkt

Sicher haben Sie beim Lesen des letzten Kapitels so einige „Karls" in Ihrem Umfeld entdeckt und manche der Verhaltensweisen dieser Menschen wiedererkannt. Vielleicht fragt sich sogar der eine oder andere Leser, was das in einem Buch soll, das den Titel „Mehr-Wert-Strategie" trägt. Hat das denn wirklich etwas mit Mehr-Werten zu tun, oder geht es wie bei so vielen Büchern wieder nur um diese Soft factors wie „innere Einstellung" oder „positives Denken"? Meine eindeutige Antwort darauf lautet: Ja, auch hier geht es um Mehr-Werte.

Fragen wir uns doch einmal: Wie will ein Verkäufer hohe Preise im Markt durchsetzen, wenn er selbst daran zweifelt, wenn er selbst, wie das Wort Zwei-fel bei Zerlegung in seine Silben so schön zeigt, keine ein-deutige Meinung dazu hat, sondern die innere Einstellung pflegt, daß er zwar einerseits ganz gute Produkte und Leistungen biete, auf der anderen Seite aber viel zu teuer sei?

Dieses Thema der inneren Einstellung beginnt hier schon „zu greifen", denn alles, was wir an Äußerungen von uns geben, sowohl verbal als auch nonverbal, also all das, was nach außen dringt, muß doch von irgendwoher stammen. Es muß also auch das Gegenteil von diesem Ausdruck geben, nämlich Eindruck, oder?

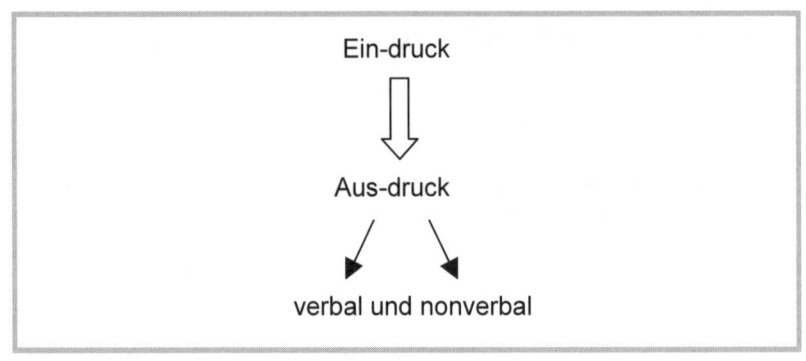

```
            Ein-druck
               ⇩
            Aus-druck
             ↙    ↘
      verbal und nonverbal
```

Abb. 3: Der Ein-druck prägt den Aus-druck

Diese Eindrücke sehen Sie einem Menschen sofort an. Was denkt wohl der Mensch, den Sie links auf der Abbildung sehen? Sieht so ein Mensch aus, der glücklich ist, der begeistert ist und gerade so vor Lebensfreude strotzt? Und wie wirkt der Mensch, den Sie rechts auf der Abbildung sehen, auf Sie? Sieht so ein Mensch aus der niedergeschlagen und betrübt ist?

Abb. 4: Die Wirkung der Körpersprache

Das Wort Ausdrücken zeigt ganz deutlich auf, daß es gar nicht in unserer Macht steht, unsere jeweiligen Gemütszustände und Denkmuster zu verheimlichen, nein, diese Zustände „drückt" es förmlich aus uns heraus.

An den Gesichts-Zügen eines Menschen kann man sehr schnell erkennen, welche Gedanken ihm durch den Kopf ziehen, also welche Gedankengänge dahinterstehen. Stellen Sie sich einmal die Frage: „Welche Gedanken gehen durch meinen Kopf?"

> Erfolg findet immer zuerst im Kopf statt. Denn unser Denken formt unser Leben.
>
> (Marc Aurel)

Interessant ist hier das Ergebnis einer Marktforschung, die vom „Forum Corporation", Cambridge/Massachusetts, durchgeführt wurde. Hier wurden die Motivation und die Gründe von Kunden untersucht, die von 14 großen Dienstleistungs- und Produktionsunternehmen abgewandert waren. Zusammenfassend kommt diese Studie zu dem Ergebnis, daß 70 Prozent der Kunden abgewandert sind, weil ihnen das Auftreten und die Ausstrahlung der Geschäftspartner nicht gefällt.

Verbale und nonverbale Ausdrucksmittel

Mein Freund Beat, der als Einkäufer in einem großen Schweizer Konzern beschäftigt ist, beobachtet in seiner täglichen Praxis als Einkaufsprofi ähnliches. Er erzählt mir häufig von seinen Erlebnissen mit Verkäufern und erklärt mir, daß er oft schon beim ersten Telefonat aufgrund einiger Äußerungen erkennt, wie die innere Verfassung des Verkäufers ist, der einen Termin mit ihm haben möchte, um seine Produkte und Leistungen zu präsentieren.

Beat unterteilt die Indikatoren in den verbalen Bereich mit den Subindikatoren:

- Stimme
- Wortwahl

und in den nonverbalen Bereich mit den Subindikatoren:

- Körperhaltung
- Gestik
- Mimik

Die Stimme

Beginnen wir mit der *Stimme* des Anrufenden, denn in der Stimme erkennen wir die Stimmung eines Menschen. Sie kennen die Redensarten: „Mir verschlägt es die Stimme" oder: „Der ... ist heute schlecht gestimmt." Andererseits sagt man auch: „Bei ihm stimmt alles" oder: „Er ist wirklich gut gestimmt." In welcher Stimmung befinden Sie sich, wenn Sie bei einem Kunden anrufen und dort einen Termin vereinbaren? Sind Sie wirklich bester Stimmung und durchdrungen vom Glauben an Ihre guten Produkte und deren gute Preise, oder sind da schon die ersten Zweifel festzustellen?

Wie schön und erfrischend anders ist es doch, wenn wir ein Telefonat mit jemandem führen, der weiß, was er will, der sicher und überzeugend klingt und eine gehörige Portion Optimismus ausstrahlt. Wie langweilig dagegen ist es, wenn wir mit Menschen telefonieren, die schon durch ein leichtes Zittern in der Stimme ihre Unterwürfigkeit erkennen lassen und bei denen jeder Satz nach hinten „absackt". Was ich mit diesem „Absacken" der Stimme meine, können Sie ganz gut an der nachfolgenden Zeichnung erkennen.

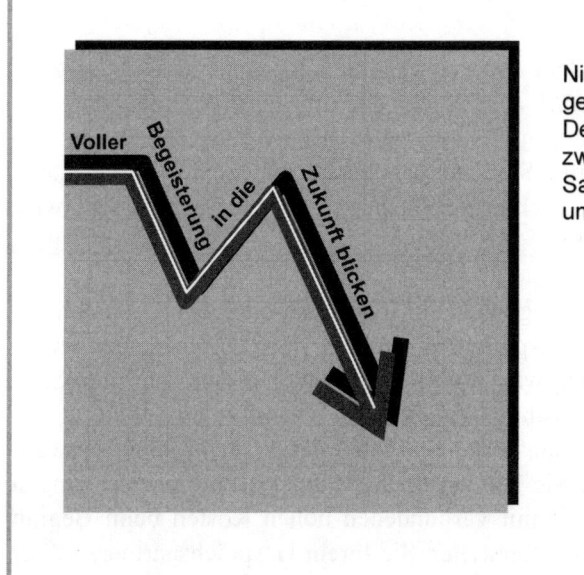

Abb. 5: Die Talfahrt der Stimme aufhalten

Stellen Sie sich einen Vortragsredner vor, bei dem jeder Satz nach hinten so „absackt". Was meinen Sie wohl, wie lange diesem Redner jemand zuhören wird, ohne dabei einzuschlafen? Übrigens, machen Sie in diesem Zusammenhang einen Test. Rufen Sie einmal unverhofft in Ihrem Unternehmen an, und achten Sie darauf, welches Muster bei der Begrüßung am Telefon hinterlegt ist.

Fünf Praxistips: Worauf Sie bei Ihrer Stimme achten sollten

- Meine Stimme hört sich frisch, dynamisch und ausgeruht an.
- Meine Stimme strahlt Optimismus und beste Laune aus.
- Ich denke oft an meine Erfolgserlebnisse und die gute Stimmung, die ich dabei empfunden habe.
- Ich nenne meinen eigenen Namen laut und deutlich.
- Meine Stimme klingt fest und entschlossen.

Die Wortwahl

Wie sieht es mit dem zweiten Subindikator im verbalen Bereich, nämlich der *Wortwahl,* aus? Reden Sie oft von Problemen statt von Herausforderungen, von Risiken statt Chancen? Welche Worte verwenden Sie wie oft? Sind da Ausdrücke wie zum Beispiel „aussichtslos", „trübe", „schlechte Chancen", „vergessen Sie's", „wird noch viel schlimmer", „Bedrohung", „Ängste", „Sorgen" etc. allzu häufig vertreten?

Viele Verkäufer beginnen ein Telefonat oder ein Gespräch oft damit, ihren Gesprächspartner mit einem Beispiel aus seiner Praxis neugierig zu machen, was ja vom Grundsatz her eine sehr gute Strategie ist, um eine Sensibilisierung für das Thema zu erreichen.

Jedoch immer dann, wenn Sie dabei das Wort Problem verwenden („Herr Kunde, Sie kennen doch sicher das Problem der langen Rüstzeiten und der damit verbundenen hohen Kosten beim Beginn einer Baustelle ..."), unterstellen Sie Ihrem Gesprächspartner, daß er dabei offenkundig ein Problem hat, für das Sie jetzt durch Ihr Produkt eine ganz tolle Lösung parat haben. So weit, so gut. Aber wer von uns läßt sich von jemand anderem gerne sagen, daß er ein Problem hat? Was wird also höchstwahrscheinlich bei Ihrem Gesprächspartner geschehen?

Er macht „dicht" und boykottiert Ihre Einleitungsstrategie, obwohl er das Problem ja wirklich kennt. Aber die ganze Sache wurde eben verbal sehr schlecht verpackt.

Achten Sie künftig darauf, in einer solchen Kundenansprache das Wort „Situation" oder „Herausforderung", statt „Problem" zu gebrauchen, um die Schärfe rauszunehmen und eine gute Basis für das weitere Gespräch zu legen. Das Wort „Problem" wirkt lähmend, erdrückend, es schlägt nieder. Wesentlich neutraler wirkt das Wort „Situation". Besonders positiv wirkt das Wort „Herausforderung".

Denken Sie immer daran, daß unsere Worte die Kleider unserer Gedanken sind, das bedeutet: Wir kleiden unsere Gedanken in ein sprachliches Gewand ein. Wie sollte dieses Gewand aussehen? Ansprechend und attraktiv – oder abstoßend und zerschlissen?

Oftmals sind es gedankenlos gebrauchte Worte, die sich bei unseren Gesprächspartnern regelrecht „einnisten" und später dafür sorgen, daß uns eine Retourkutsche erteilt wird, die in nicht wenigen Fällen „Zu teuer" heißt.

> Die Rede führt nicht allein den Gedanken,
> sondern auch die Kraft des Sprechenden mit sich und ist
> eine Energie, die dem Hörer entgegengesendet wird.
>
> (Agrippa von Nettesheim)

Fünf Praxistips: Worauf Sie bei Ihrer Wortwahl achten sollten
• Wählen Sie Ihre Worte sorgfältig in bezug auf Ihre Bedeutung aus. • Ersetzen Sie das Wort „Problem" durch das Wort „Situation" oder „Herausforderung". • Kleiden Sie Ihre Gedanken in angenehme Worte. • Prüfen Sie Ihren Wortschatz auf die Energien, die in den Worten verborgen sind. • Verwenden Sie beschreibende Worte, die ein Bild bei Ihrem Zuhörer entstehen lassen.

Die Körperhaltung

Wenden wir uns jetzt den nonverbalen Subindikatoren zu. Beginnen wir hier mit der *Körperhaltung*. Sicher kennen Sie den Ausspruch: „Wie du kommst gegangen, so wirst du auch empfangen." In diesem Ausspruch ist sehr viel Wahrheit verborgen. Prüfen Sie bitte einmal, wie Sie Ihrem Kunden gegenübertreten. Wo befinden sich da Ihre Schultern: nach vorne gebeugt, so als ob die ganze Last dieser Welt darauf ruht, oder gerade und aufrecht, so daß sofort der Eindruck eines „aufrichtigen" Menschen beim Betrachter entsteht?

Stehen Sie gerade und mit beiden Beinen fest auf dem Boden, oder sieht man Ihnen die Nervosität schon daran an, daß Sie von einem Bein aufs andere wechseln? Oder drückt Ihre Körperhaltung eine gewisse Gleichgültigkeit aus? So springt der Funke halt nicht über.

Fünf Praxistips: Worauf Sie bei Ihrer Körperhaltung achten sollten
• Gehen Sie bewußt aufrecht hinein zum Kunden. • Setzen Sie sich beim Kundengespräch bewußt aufrecht – wie ein König • Stehen Sie mit beiden Beinen fest auf dem Boden. • Schieben Sie Ihre Schultern bewußt ein wenig vor. • Achten Sie auf Spannkraft in Ihrem ganzen Körper.

Die Gestik

Der zweite nonverbale Subindikator ist die *Gestik*. Wo befinden sich denn Ihre Hände, wenn Sie von Ihren Produkten und Leistungen berichten? Oberhalb der Gürtellinie, vielleicht sogar über dem Brustkorb? Prüfen Sie bitte einmal, was die Fußballfans für eine Bewegung machen, wenn sie begeistert sind und ihr Verein ein Tor erzielt hat: Wo gehen dann die Hände hin?

Viele Verkäufer zeigen gerade durch ihre Gestik sehr deutlich, was in ihnen vor sich geht. Wenn die Hände immer unter der Brust, vielleicht, noch schlimmer, unter der Gürtellinie bleiben, erkennt jeder Betrachter sofort, daß hier keine echte Produkt-, geschweige denn Preissolidarität vorhanden ist.

Fünf Praxistips: Worauf Sie bei der Gestik achten sollten

- Geben Sie die Hand fest und entschlossen zur Begrüßung.
- Achten Sie darauf, daß Ihre Hände sich immer oberhalb der Gürtellinie befinden.
- Zeigen Sie Ihre offenen Handflächen deutlich.
- Vermeiden Sie es, Ihre Arme zu verschränken.
- Vermeiden Sie es, mit einem Stift in der Hand zu spielen oder damit zu gestikulieren.

Die Mimik

Der letzte Subindikator, die *Mimik,* zeigt dem Betrachter auch ziemlich unverblümt, was in dem Menschen gedanklich vor sich geht. Wie ist das mit Ihren Augen, sieht der Betrachter darin das Glitzern und Funkeln der Begeisterung, wenn Sie über Ihre Produkte, Leistungen und Preise reden? Strahlen diese Augen diesen grandiosen Optimismus und Verliebtheit in die Produkte aus? Automatisch gehen dann auch Ihre Mundwinkel in eine andere Stellung über, und diesem inneren Strahlen kann sich so schnell kein Gesprächspartner verschließen.

Sehen Sie sich bitte noch einmal in aller Ruhe die beiden Gesichter auf Seite 33 an, und überlegen Sie, wer wohl die besseren

Chancen hat, seinen Gesprächspartner zu überzeugen, daß es sich lohnt, für sein Produkt etwas mehr zu investieren.

> **Fünf Praxistips: Worauf Sie bei Ihrer Mimik achten sollten**
> - Achten Sie darauf, daß Ihre Augen strahlen.
> - Zeigen Sie ein ehrliches, aufrichtiges Lächeln.
> - Ziehen Sie an einem unbeobachteten Ort einmal so richtig Grimassen, das entspannt Ihre Gesichtsmuskulatur.
> - Glätten und entspannen Sie (falls noch möglich) die Falten auf der Stirn.
> - Schämen Sie sich nicht für Ihre Lachfältchen um die Augen, das wirkt sogar sehr sympathisch.

„Rollenspiel" wird schnell durchschaut

Mein Freund Beat weiß also schon, wovon er spricht, denn dank seiner ausgezeichneten Beobachtungsgabe erkennt er sehr schnell, welche Verkäufer wirklich solidarisch mit ihren Produkten und Preisen sind und bei welchen er gute Chancen hat, ein Preisspielchen zu spielen. Lustig dabei ist, daß er oft einen Verkäufer, der einen schwachen Eindruck hinterläßt, bewußt zu einem Gespräch einlädt. Die Gründe dafür liegen auf der Hand:

- *Pokermentalität:* Er benötigt sein Produkt und rechnet sich die Chance aus, einen besonderen Preis bei diesem schwachen Verkäufer zu erzielen.
- *Persönliches Erfolgserlebnis:* Er hat für dieses Produkt einen festen Lieferanten, den er auch gar nicht wechseln möchte, holt jedoch von dem schwachen Verkäufer ein Angebot ein, um den bisherigen Lieferanten damit unter Druck zu setzen.
- *Psychohygiene:* Er braucht weder das Produkt noch den Lieferanten, lädt aber trotzdem den Verkäufer ein, um seinen aufgestauten Streß an ihm abzureagieren.

Jetzt stehen wir an einem sehr wichtigen Scheideweg. Müssen wir also wieder all die Seminare zum Thema Körpersprache, Rhetorik und Dialektik besuchen und hier unsere Kenntnisse auffrischen? Nein, es geht nicht darum, etwas Künstliches einzustudieren, sondern darum, Gefühle wieder mehr und deutlicher zu zeigen.

Sehr gut kann ich mich noch an meine Zeit als Verkäufer zurückerinnern: Was wurde uns da nicht alles beigebracht, auf was wir im Verkaufsgespräch achten sollten, angefangen von der richtigen Sitzposition bis hin zu den passenden Gesten im richtigen Moment. Manchmal vergaß ich ganz, was ich sagen wollte, weil ich mich allzusehr auf diese äußeren Dinge konzentrierte.

Einer meiner Kunden, ein sehr erfahrener Einkäufer eines großen Industrieunternehmens flachste einmal: „Haben Sie wieder mal ein Verkaufstraining besucht, weil Sie so sehr auf Ihre Formulierungen und Ihre Körpersprache achten?" Oh, war mir das damals peinlich!

Dieses Ereignis verbuchte ich bei mir intern auf das Konto Lernprozesse. Denn ab diesem Zeitpunkt schwor ich mir, daß ich niemals mehr so einen Blödsinn verzapfen würde, künstlich einstudierte Verhaltensweisen im Gespräch einzusetzen und mich dadurch der Lächerlichkeit preiszugeben.

Die innere Identifikation muß stimmen

Sie brauchen das ganze „Theater" auch wirklich nicht zu spielen und zu üben: wo Ihre Hände jetzt sind, wie Sie gehen sollten usw. Der Grund dafür ist ganz einfach: Wir müssen nicht außen, sondern innen beginnen, denn unser Inneres drückt sich durch verbale und nonverbale Signale aus. Gut, wir müssen die Wirkung noch ein wenig optimieren, aber immer so, daß wir authentisch bleiben.

Ein guter Schauspieler achtet ja auch nicht mehr bewußt auf jedes seiner körpersprachlichen Signale, sondern er identifiziert und solidarisiert sich mit seiner Rolle, die es zu spielen gilt. Er lernt alles über diese Person, deren Umfeld und das Denken in der Zeit, in der seine Rolle spielt.

Er versucht, die Empfindungen dieses Menschen nachzuvollziehen, und irgendwann ist er dann in der Tat genau dieser Mensch. Einige Schauspieler berichten dann sogar von der Schwierigkeit, die gespielte Rolle von dem tatsächlich Erlebten zu trennen. Ein besonders gutes Beispiel dafür ist Götz George, der uns ja allen als „Schmuddelkommisar" aus dem Revier bekannt ist. Er lebt diese Rolle mit Leib und Seele und wirkt deshalb so authentisch auf uns.

Wie ist das bei uns Verkäufern? Identifizieren und solidarisieren wir uns völlig mit unseren Produkten, den Preisen und den Mehr-Werten, die dahinterstehen? Sind wir in der Tat davon so durchdrungen, daß man fast einen „missionarischen Eifer" erkennen und spüren kann?

Hier und sonst nirgendwo wird der Grundstein für ein erfolgreiches Preisgespräch gelegt, und gerade deshalb gilt es jetzt, sehr sorgfältig zu prüfen, welche Eindrücke wir gerade im Hinblick auf unsere Produkte, unsere Preise und unser Unternehmen bei uns abgespeichert haben und was somit unseren Ausdruck prägt. Gehen Sie eine starke Partnerschaft ein mit

- sich selbst,
- Ihren Produkten,
- dem Unternehmen, für das Sie tätig sind, und
- mit Ihren Kunden.

Checkliste

- Welche Zweifel im Hinblick auf die Durchsetzbarkeit Ihrer Preise haben Sie?

- Wie stark beeinflussen diese Zweifel Ihren Ausdruck?

- Was haben Sie aktiv getan, um diese Zweifel zu beseitigen?

Checkliste *(Fortsetzung)*

- Welche Eindrücke dominieren bei Ihnen, negative oder positive?
  _____
  _____

- Welchen Ausdruck zeigt Ihr Gesicht, negativ-pessimistisch oder positiv-optimistisch?
  _____
  _____

- Was sagt Ihre Stimme über Ihre Stimmung aus?
  _____
  _____

- Wie oft benutzen Sie das Wort „Problem"?
  _____
  _____

- „Sacken" Ihre Sätze nach hinten ab, oder zeigen sie Ihre Dynamik?
  _____
  _____

- Was sagt Ihre Körperhaltung über Ihre innere Einstellung aus?
  _____
  _____

- Wie stark sind Sie von sich selbst überzeugt?
  _____
  _____

- Wie stark sind Sie von Ihrem Unternehmen und Ihren Produkten überzeugt?
  _____
  _____

1.4 Mehr-Werte rational und emotional verinnerlichen

Prüfen wir einmal neutral und unvoreingenommen, wie es denn wirklich mit dem Unternehmen bestellt ist, für das Sie tätig sind. Ist dort tatsächlich alles so schlecht, funktioniert da rein gar nichts? Sind alle Kunden nur unzufrieden?

Wenn das wirklich so ist, dann sollten Sie sich schleunigst die Wochenendausgabe der „Frankfurter Allgemeinen Zeitung" besorgen und sich dort im Stellenanzeigenteil nach einer neuen Position umsehen. Natürlich ist die Gefahr ziemlich groß, daß Sie nach einiger Zeit in dem neuen Unternehmen wieder entdecken, daß dort alles schlecht ist und nichts funktioniert, die Preise zu hoch, die Werte zu gering und die Produkte zu schlecht sind.

Die wenigsten Menschen kommen im Laufe dieses Prozesses auf den Gedanken, einmal kritisch zu prüfen, ob die Gründe für diese Art der Job-Rotation immer nur in den äußeren Umständen oder in ihnen selbst begründet liegen.

Der lähmende Blick auf die Konkurrenz

Auf einer meiner Reisen hatte ich vor einiger Zeit ein nettes Erlebnis. Ich saß im Flugzeug auf dem Weg von Hamburg zurück nach München. Neben mir saß ein Herr, der einige Akten durcharbeitete. Das Logo auf den Papieren kannte ich. Es war der größte Wettbewerber eines meiner Kunden. „Kennen Sie denn das Unternehmen?", fragte ich neugierig und vorsichtig zugleich.

Mein Sitznachbar bejahte dies und erzählte mir, daß er als Berater und Trainer für den größten Wettbewerber tätig sei. Jetzt konnte ich mir ein leichtes Schmunzeln nicht verkneifen und erklärte ihm, daß ich das gleiche für meinen Kunden tue. Im Laufe des Gesprächs berichtete er mir, daß die Verkäufer seines Kunden immer davon erzählen, was mein Kunde für tolle Produkte habe, welch großartiges Marketing und hervorragende Mehr-Werte er bieten würde.

Die gleichen Storys – der Wettbewerber kann alles besser, hat die besseren Produkte die bessere Marketingstrategie, bietet viel mehr und hat natürlich die besseren Preise – hörte ich auch ständig von den Verkäufern bei meinem Kunden.

Ist das nicht interessant? Jeder hat doch immer das Gefühl, daß das Gras auf der Weide nebenan noch etwas fetter und grüner ist als das auf der eigenen, daß der Wettbewerb immer noch etwas besser und vor allem bei den Preisen viel beweglicher ist als man selbst.

Aber wie sehen die langfristigen Folgen dieser Strategie aus, die ich gerne die kreative Schuldverschiebung nenne? Ganz einfach, wir setzen mehr Energie ein, um den eigenen Mißerfolg aufgrund der Aktivitäten der Wettbewerber zu erklären, als uns auf unsere eigenen Stärken und Pluspunkte zu konzentrieren. Viele sind richtige Meister geworden im Erfinden von all den Ausreden, warum sie nicht erfolgreich sind.

> Mit Ausreden reden Sie sich auf Dauer ins Aus.

Es ist nun einmal sehr unbequem, selbst Verantwortung zu übernehmen und zu erkennen, was der Ausspruch über dem Apollotempel in Delphi für jeden einzelnen bedeutet. Dort steht nämlich geschrieben: „Erkenne Dich selbst". Diese Inschrift geht auf Thales von Milet (um 500 v. Chr.) zurück, doch auch neuzeitliche Philosophen haben den Kern dieser Aussage immer wieder aufgegriffen. Selbst im Volksmund kennen wir den Ausspruch: „Selbsterkenntnis ist der erste Weg zur Besserung."

Auf eigene Stärken konzentrieren

Sicher wird es immer Unternehmen geben, bei denen sehr vieles „schiefläuft". Aber überprüfen Sie einmal, wieviel denn wirklich nicht funktioniert, und stellen Sie dies den vielen Dingen gegenüber, die reibungslos ablaufen. Vielleicht erkennen Sie dann, das zirka 80 Prozent der Dinge, die in Ihrem Unternehmen geschehen, ganz hervorragend sind, daß 80 Prozent Ihrer Kunden begeistert sind und gerne mit Ihnen zusammenarbeiten, Ihre Leistungen zu schätzen wissen und Ihnen dies auch bestätigen. Sicher gibt es auch die 20 Prozent der Kunden, bei denen etwas nicht so gut oder vielleicht gar nicht funktioniert, die auf ihre Ware zu lange warten müssen, die eine falsche Lieferung erhalten, bei denen der Preis oder die Packgröße auf der Rechnung nicht mit dem Vereinbarten oder auf dem Lieferschein Ausgedruckten übereinstimmt usw.

Reden wir über die 80 Prozent der Dinge, die glänzend funktionieren, auch wirklich 80 Prozent unserer Zeit, und über die 20 Prozent der Dinge, die nicht ideal funktionieren, 20 Prozent unserer Zeit? Oder sieht es manchmal so aus, wie es der graue Doppelpfeil in der Mitte von Abbildung 6 zeigt, daß wir die Verhältnisse verdrehen?

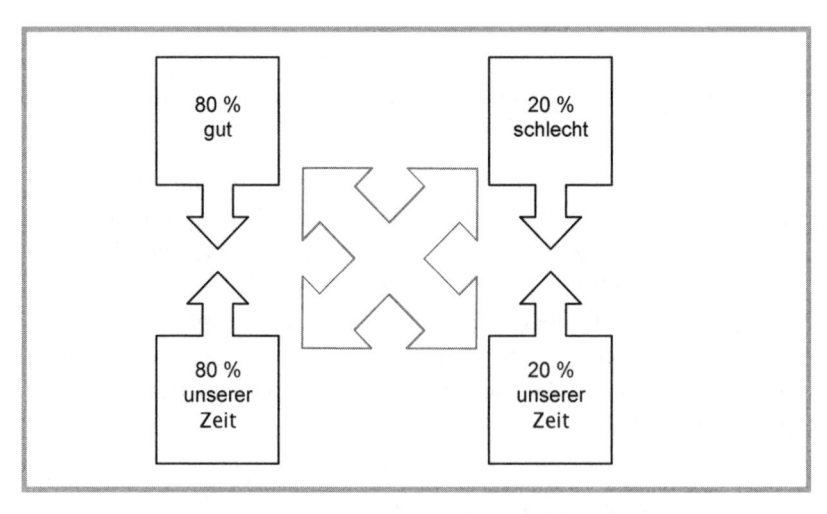

Abb. 6: Die Relation von positiven und negativen Faktoren

Achten Sie einmal ganz bewußt auf die Geschichten und „Histörchen", die in Ihrem Kollegenkreis anläßlich von Tagungen usw. kursieren und an denen sich so manch einer immer wieder gerne hochzieht. Sind das wirklich die Erfolgsgeschichten, die Geschichte zum

Beispiel, wie Sie einen neuen Kunden gewonnen und begeistert haben, wie Sie einen Ihrer Hauptwettbewerber aus dem Feld geschlagen haben, obwohl – oder vielleicht sogar gerade weil – Sie teurer waren?

Erzählen wir uns von den vielen hochzufriedenen Kunden, die schon seit Jahren mit uns zusammenarbeiten, ja sogar auf unsere Produkte und Leistungen „schwören"? Bitte verwechseln Sie das Ganze nicht mit der sogenannten rosaroten-Brille, die uns von vielen Seiten oft aufgesetzt wird. Nein, die meine ich nicht. Mir geht es darum, die Dinge so zu sehen, wie sie sind, nicht besser, aber bitte auch nicht schlechter.

Vorsicht vor den geistigen Terroristen!

- Achten Sie darauf, daß Sie sich nicht vereinnahmen lassen von den vielen Negativgeschichten.
- Versuchen Sie, Gespräche, die in diese Negativgeschichten abdriften, umzudrehen.
- Verdeutlichen Sie selbst sich immer wieder Erfolgsgeschichten.
- Wenn Sie Führungskraft sind, achten Sie darauf,daß eine Tagung immer mit positiven Themen endet.

Erfolge wirksam ausstrahlen

Versetzen Sie sich doch noch einmal in die Stimmung, in der Sie sich befanden, als Sie einen sehr guten Abschluß tätigten, als der Kunde Ihnen den Auftrag erteilte und Sie sein Büro verließen. Mir ging es dann oft so, daß ich am liebsten auf dem Weg zum Auto vor lauter Freude in die Luft gehüpft wäre, was leider nicht anging, da die Chance, daß mein Kunde dies vom Fenster aus beobachtete, ja recht groß war. Im Auto angekommen, gab es jedoch nur eins: Schiebedach auf, Sonnenbrille auf, Radio an und laut singend zum nächsten Kunden – und der spürte sofort die Power und Ausstrahlung und konnte sich dem nur sehr schwer entziehen. Ja, selbst meine

Kolleginnen und Kollegen im Innendienst bemerkten beim nächsten Telefonat sofort meine gute Stimmung und fragten nach dem Anlaß.

Mir war es vergönnt zu strahlen, und das, was ich da ausstrahlte, kam zurück, und zwar doppelt und dreifach. Selbst als ich diese Zeilen schrieb, spürte ich die Kraft und die daraus resultierende Motivation noch einmal ganz deutlich. Natürlich geht das Ganze auch anders herum. Es steht mir frei, alle Mißerfolge in meiner Verkäuferlaufbahn noch einmal zu durchleben und mich, einem Märtyrer gleich, in die Rolle des „armen Vertreters", den ja keiner mag, hineinzuversetzen. Aber was bringt mir das tatsächlich?

Jedem von uns steht es frei, die Gedanken zu denken, die er sich erlaubt zu denken, sich an die Dingen zu erinnern, an die er sich gerne erinnern möchte. Doch gerade durch unser Denken legen wir den Grundstein für gute oder schlechte Preisgespräche. Damit legen wir auch den Grundstein für den persönlichen Mehr-Wert, den wir verkörpern, denn trotz aller neuen Technologien und Erfindungen wird immer der Verkäufer als Mensch einen gehörigen Anteil daran haben, welche Preise am Markt realisiert werden können.

Die Glaubenssätze, die für uns als Verkäufer gelten, übertragen wir auch auf unsere Kunden, und wir können diese damit infizieren. Glauben Sie, daß dieses Begeisterungsvirus in Ihnen steckt und daß Sie andere damit anstecken? Wenn Sie es glauben, fällt es anderen leicht, dies ebenfalls zu glauben – oder eben umgekehrt. Denken Sie daran:

> Glück und Freude sind ansteckend, Depression und Resignation sind auch ansteckend. Womit stecke ich meine Mitmenschen wie stark an?

Diese Entscheidung müssen Sie treffen, das kann Ihnen niemand abnehmen.

Checkliste

- Was funktioniert in Ihrem Unternehmen wirklich gut, und was funktioniert nicht so gut?

- Wie oft reden Sie von den Dingen, die gut funktionieren, und wie oft von den Dingen, die nicht so gut funktionieren?

- Wie stark sind Sie von den Leistungen Ihres Unternehmens überzeugt?

- Wie oft glauben Sie, daß die Wettbewerber alles besser können?

- Wie oft betreiben Sie kreative Schuldverschiebung, um persönliche Mißerfolge auf äußere Umstände zu schieben?

- Was spüren Sie, wenn Sie an Ihre Erfolgserlebnisse im Verkauf denken?

- Wie oft holen Sie diese Gedanken bewußt aus Ihren Erinnerungen hervor?

Checkliste *(Fortsetzung)*

- Wie stark stecken Sie Ihre Mitmenschen mit Glück und Freude an?

  _____

  _____

- Wie oft schaffen Sie es, sich „am eigenen Schopf" aus dem Morast der Gedanken zu ziehen?

  _____

  _____

2. Begeisterung – die Zauberformel für gute Preise

2.1 Die Begeisterung für die eigene Person

Warum Begeisterung für mich selbst entwickeln? Ist das nicht etwas Unanständiges? Wahrscheinlich geht das einigen beim Lesen durch den Kopf. Warum dies so ist, werden wir gleich genauer untersuchen. Doch bei diesem Thema fällt mir wieder der sinnhafte Ausspruch des heiligen Augustinus ein:

> Nur wer selbst brennt, kann andere anzünden.

Was bedeutet dieses Brennen für uns? Brennen bedeutet, von einer Sache und vor allem von sich selbst regelrecht begeistert zu sein. Aus den Äußerungen eines Menschen hören wir sofort, was er verinnerlicht. Zeigen Sie von vornherein diesen Mehr-Wert, von sich selbst überzeugt zu sein und über ein gesundes Selbstwertgefühl zu verfügen?

Darf es denn wirklich wahr sein, daß in unserer Gesellschaft Menschen, die von sich selbst überzeugt und glücklich sind und dies auch zeigen, offenkundig als verrückt angesehen werden? Anscheinend ja, und wir nehmen dies auch alle einfach so hin.

Welche Reaktionen löst denn zum Beispiel der Auftritt eines Prominenten aus, der von sich begeistert ist und dies auch deutlich zeigt? Gerne denke ich hier an den „Feinkostpapst" Gerd Käfer aus München. Dieser Mann trat einmal bei Alfred Biolek auf und zeigte durch seine Äußerungen, daß er stolz auf sich selbst und seine Leistung ist. Auf Nachfragen von Bio sagte er, daß er und sein Unternehmen die absoluten Spezialisten in diesem Bereich seien und kein anderer mehr Kompetenz habe.

Wie waren die Reaktionen der meisten Zuschauer? Hat man es diesem Menschen gegönnt und sich mit ihm über seinen Erfolg und seine Leistung gefreut? Nein, genau das Gegenteil war der Fall, viele dachten und sagten: „So ein arrogantes A...!" Ist das nicht schon fast pervers, wenn wir jemanden, der zu sich selbst und seinen Leistungen steht, so aburteilen, nur weil uns vielleicht der Mut fehlt, zu uns selbst und unseren Leistungen zu stehen?

Bescheidenheit – nicht immer eine Zier

Achten Sie einmal darauf, wenn sich zwei Freunde treffen und einer der beiden einen großen und teuren Wagen fährt. Oft passiert dann, daß er sich für das Fahrzeug entschuldigt: Das ist einer mit Tageszulassung, die bekomme man ja schon sehr günstig, oder: Der war nicht ganz neu, deshalb habe ich einen sehr guten Preis bekommen.

Warum nur? Denken Sie doch daran:

- Sie sind der Top-Verkäufer in Ihrem Unternehmen.
- Zeigen Sie, daß Sie ein Experte sind.
- Stehen Sie ruhig zu dem, was Sie können.
- Haben Sie den Mut, Ihren persönlichen Mehr-Wert deutlichzumachen.
- Reden Sie von den vielen begeisterten Kunden, die schon bei Ihnen gekauft haben.

Woran liegt es denn, daß wir ein so ungutes Gefühl haben, sobald jemand zu seinen Fähigkeiten steht und von sich selbst positiv spricht? Prüfen wir einmal gemeinsam die Gründe, und legen wir den Grundstein dafür, unser Selbstbewußtsein demnächst zu stärken und dadurch einen unverwechselbaren Mehr-Wert zu bieten.

Die Begeisterung für die eigene Person

Checkliste

- Was sehen Sie auf den Gesichtern der meisten Menschen: Resignation und Depression oder Freude und Aufbruchstimmung?
  _____
  _____

- Was signalisieren Sie Ihren Gesprächspartnern?
  _____
  _____

- Wie denken Sie über erfolgreiche Menschen, die auch öffentlich zu ihrem Erfolg stehen, negativ und feindselig oder positiv und interessiert?
  _____
  _____

- Wie stark sind Sie von sich selbst überzeugt?
  _____
  _____

- Wie oft zeigen Sie diese Überzeugung auch anderen?
  _____
  _____

- Was tun Sie bewußt, um Ihr Selbstbewußtsein zu stärken?
  _____
  _____

Das Selbstbewußtsein wird oft früh beschädigt

Kennen Sie diese Redewendungen: „Nimm dich nicht so wichtig" oder: „Eigenlob stinkt!" Wie oft haben Sie diese Sätze schon gehört, vielleicht von Ihren Eltern oder anderen Personen. Haben Sie diese Floskeln oder ähnliche eventuell auch schon einmal selbst gebraucht?

Was passiert, wenn wir in der Erziehung unseren Kindern immer wieder diese Formeln mit auf den Weg geben, wenn es stets heißt: „Wenn Erwachsene reden, haben Kinder still zu sein", „Je höher der Flug, desto tiefer der Fall", „Hochmut kommt vor dem Fall" usw.? Kann es sein, daß durch die ständige Wiederholung dieser Phrasen eine Programmierung und Denkhaltung entsteht, die es uns wirklich als etwas Unanständiges erscheinen läßt, von sich selbst überzeugt zu sein und sich wichtig zu nehmen, an seine Persönlichkeit unerschütterlich zu glauben und stolz auf sich selbst zu sein? Kann es sein, daß diese Person größte Probleme hat, sich selbst als einen unverwechselbaren Mehr-Wert zu verkaufen?

Leider ist es bei den meisten Menschen so, daß sie diese Gefühle der falsch verstandenen Bescheidenheit mit sich herumtragen. Dies liegt zum großen Teil auch daran, daß in der Erziehung oft von Anfang an nur auf das aufmerksam gemacht wird, was nicht funktioniert.

Gehen wir gedanklich einmal in die Schule. Welche Kommentare standen unter Ihren Klassenarbeiten? Angenommen, Sie schrieben eine Mathematikarbeit, die aus 20 einzelnen Aufgaben bestand. Davon lösten Sie 18 richtig. Stand dann unter der Arbeit:

18mal richtig, gut so, du kannst es!

oder war darunter, mit rotem Stift geschrieben, zu lesen:

2 Fehler, konzentriere dich, alles Leichtsinnsfehler!

Wahrscheinlich eher das letztere, oder? Wohin führt das, wenn wir immer nur auf die Dinge hingewiesen werden, die nicht funktionieren? Langfristig mit Sicherheit dazu, daß wir uns nichts mehr zutrauen und all die Menschen, die eine andere Programmierung in ihrer Kindheit erhielten oder sich selbst umprogrammierten, als arrogant abstempeln.

Bitte verwechseln wir hier nicht Selbstbewußtsein mit Arroganz, denn Arroganz ist nun einmal die konkreteste Form der Dummheit.

Selbstzweifel drücken die Preise

Es geht darum, von sich selbst begeistert zu sein und diese Begeisterung als Mehr-Wert auch auszustrahlen. Diesen absoluten Glauben an den Erfolg zu besitzen, die Fähigkeiten in sich zu suchen und auch zu finden. Was passiert denn, wenn ich im Preisgespräch mit einem wirklich harten Verhandlungspartner immer wieder an mir selbst zweifle und mit mir selbst hadere? Meinen Sie wirklich, daß Sie dies vor Ihrem Gesprächspartner verbergen können? Und selbst wenn Sie es versuchen, wird er Ihnen auf die Schliche kommen und Ihre Wunde entdecken, um genau dort weiter zu bohren. Er spürt doch, daß ihm hier ein schwacher Verkäufer gegenübersitzt, der weder von seinen eigenen noch von den Mehr-Werten seiner Produkte durchdrungen ist, und rechnet sich deshalb gute Chancen auf einen Sonderrabatt aus.

Aufgrund meiner Beobachtungen bei vielen Hunderten Reisen mit Verkäufern bin ich fest davon überzeugt, daß sich mindestens 60 Prozent aller Preisgespräche hier grundlegend entscheiden. Natürlich gibt es auch Preisgespräche, die nicht nur aus diesen rein emotionalen Gründen heraus geführt werden. Doch denken Sie bitte an Beat, den Einkaufsprofi, und seine Erlebnisse mit Verkäufern.

In den Seminaren zeige ich den Teilnehmern gerne diese Verhaltensweisen anhand ihrer eigenen Videoaufnahmen. Wir sind dann eine Gruppe von maximal zwölf Teilnehmern, und ich habe vier Videostudios zur Verfügung. In kleinen Teams von drei Personen beschreibt jeder einen ganz besonders hartnäckigen Kunden sehr ausführlich. Wir tragen alles, was wir von diesem Kunden wissen, zusammen und analysieren die Situation.

Dann wird das Gespräch nachgestellt und aufgenommen. Die Teilnehmer vergessen nach kurzer Zeit, daß sie hier ja nur spielen, und werden dann sehr authentisch. Beim Abspielen erkennen dann alle sofort mit Schrecken, wie sie mit ihren verbalen und nonverbalen Signalen den Kunden fast dazu zwingen, ein hartes Preisgespräch vom Zaun zu brechen. Die Konfrontation mit der eigenen Verhaltensweise rüttelt wach und zeigt das Optimierungspotential des einzelnen deutlich auf, was dann auch intensiv trainiert wird.

Beginnen wir doch einmal gleich bei dem größten Optimierungspotential, in das es sich wirklich lohnt, zu investieren: bei uns selbst.

Checkliste

- Welche Macht haben Erziehungsprogramme wie: „Nimm dich nicht so wichtig" usw. auf Sie und Ihre Ausstrahlung?

- Wie stark achten Sie insgesamt auf negative Ereignisse in Ihrem Umfeld, und wie stark achten Sie auf positive Ereignisse?

- Was tun Sie, oder was haben Sie aktiv getan, um sich umzuprogrammieren?

- Was zeigt Ihre Körpersprache, wenn Sie in Preisstreß-Situationen kommen?

Checkliste *(Fortsetzung)*
• Wie oft haben Sie sich selbst schon in solchen Situationen beobachten können?   _____   _____   • Wie oft haben Sie schon ehrliches Feedback über Ihre Reaktionen in solchen Situationen erhalten?   _____   _____   • Wie sieht Ihr persönliches Optimierungspotential aus?   _____   _____

Die eigene Persönlichkeit stärken

Nachdem wir jetzt gemeinsam erkannt haben, daß unser Selbstbewußtsein schon in der Kindheit manchen Dämpfer erhielt, um uns etwas formbarer und nicht ganz so widerspenstig zu machen, gilt es zu prüfen, wie wir es schaffen, diese Begeisterung für uns selbst wiederzufinden – vor allem wenn es darum geht, unsere Produkte und Preise mit Begeisterung zu verkaufen. Hier geht es nicht um Persönlichkeitsbildung, sondern um:

- Persönlichkeits-ent-wicklung: *Verwickeltes* in uns wieder zu ent-wickeln
- Persönlichkeits-ent-deckung: *Verdecktes* in uns wieder aufzudecken
- Persönlichkeits-ent-faltung: *in den Falten* unseres Bewußtseins Verborgenes zu ent-falten

Begeisterung – die Zauberformel für gute Preise

Und wie geht das? Legen Sie gleich am frühen Morgen die Basis für den persönlichen Mehr-Wert, den Sie durch Ihre optimistische Ausgeglichenheit bieten. Achten Sie in diesem Zusammenhang bitte auch auf die „geistige Nahrung", die Sie zu sich nehmen. Was meine ich damit?

Ganz einfach das, was wir den ganzen Tag über so alles an Informationen in uns aufnehmen. Muß es denn zum Beispiel wirklich sein, daß uns der Radiowecker in der Frühe mit den neuesten Horrornachrichten aus aller Welt aus dem Schlaf reißt? Muß ich es mir antun, schon morgens zu hören, daß unser Bundeswirtschaftsminister düstere Konjunkturprognosen von sich gibt und der Finanzminister von weiteren Steuererhöhungen parliert und daß wir die höchste Anzahl von Konkursen haben, die es jemals gab?

Was passiert denn mit meiner Begeisterung, wenn ich mir das alles zuerst im Radio, eine halbe Stunde später beim Frühstück, dann im Autoradio im Laufe des Tages mindestens fünfmal und als Krönung abends in der Tagesschau noch einmal in Farbe und Dolby-Surround anhöre und ansehe? Habe ich dann überhaupt noch den Mut, meine hohen Preise beim Kunden zu nennen? Besitze ich dann noch die Kraft, meine Mehr-Werte überzeugend und begeistert darzustellen?

Lassen Sie mich bitte einen ganz einfachen Vergleich anstellen. Wenn wir uns nur einseitig ernähren, also riesige Mengen Fast-Food, Chips, Cola und Süßigkeiten in uns hineinstopfen: Wie wird unser Körper dann innerhalb kurzer Zeit reagieren? Ganz klar, wir werden auseinandergehen wie ein Hefekloß, Mangelerscheinungen werden sich bemerkbar machen, das Nervenkostüm wird angreifbarer usw. Den Zusammenhang zwischen körperlicher Verfassung und Ernährung können wir ja auch gut akzeptieren. Wäre es denn denkbar, daß es einen ähnlichen Zusammenhang auch im Hinblick auf unsere geistige Ernährung gibt?

Sicher, denn jedes Gesetz oder Prinzip, das für den Körper gilt, hat auch eine geistige Entsprechung. Also müssen wir sehr darauf achten, wie wir uns geistig ernähren. Was wir hier regelmäßig in uns aufnehmen, prägt unsere gesamte Einstellung und somit auch die

Begeisterung, die wir auszustrahlen fähig sind. Achten Sie demnächst darauf, wie Sie sich geistig ernähren. Natürlich können wir die negativen Nachrichten nicht verdrängen. Aber müssen wir uns diese gleich mehrere Male am Tag ansehen und anhören? Sicher können wir negative Gedanken nicht völlig ausschalten. Aber wir können persönlich entscheiden, welche Macht wir ihnen geben.

Dazu fällt mir das wunderschöne Gedicht einer Lyrikerin ein, die unter dem Synonym „Mosine" schreibt:

Gedanken

Gedanken ziehen wie Wolken hoch droben,
ständig in deinem Kopf sie toben,
gute Gedanken, edel und rein,
halte sie fest – präg' sie dir ein,
die schlechten dagegen, laß sie ruhig zieh'n,
aus deinem Kopf sie dürfen entflieh'n,
begegnen und kennen tun wir die beiden,
welchen wie oft mußt du selbst entscheiden.
Schlechte und gute Gedanken, nah beieinander sie liegen,
bestimme du, welche, wie schwer bei dir wiegen.
Bedenke dabei, daß selbst in dunkelster Nacht
der Hüter des Lichtes stets über dich wacht.

(Mosine)

Die geistige Hygiene

An dieser Stelle noch einige Praxistips. Statt sich zum Beispiel nach einem langen Arbeitstag noch einen Thriller im Fernsehen anzusehen, lesen Sie doch wieder einmal ein gutes Buch oder zumindest ein paar Abschnitte daraus. Sie werden wesentlich besser schlafen, als wenn Sie sich die durchschnittlich 72 Morde, die pro Abend im Fernsehen gezeigt werden, ansehen. Unser Unterbewußtsein kann nicht trennen zwischen der Realität und einer Fiktion, die wir über das Fernsehen empfangen. Die Folge: Unser Geist ist nach diesen Morden unvorstellbar aufgewühlt, wir können schlecht einschlafen, sind am nächsten Morgen „wie gerädert", und es fällt Ihnen sehr schwer, einen Mehr-Wert zu repräsentieren.

Einen weiteren Vergleich möchte ich in diesem Zusammenhang gerne anstellen. Wieviel Zeit verbringen wir ungefähr pro Tag mit körperlicher Hygiene? Also ich komme auf zirka eine halbe bis dreiviertel Stunde, und Sie?

Diese Zeit nehmen wir uns, um unseren Körper zu pflegen. Für den Körper akzeptieren wir also diese Notwendigkeit sofort. Prüfen wir jetzt einmal, wieviel Zeit wir pro Tag, genauso konsequent, in unsere geistige Hygiene investieren. Was passiert, wenn wir keine geistige Hygiene betreiben? Nun, Sie wissen ja bereits, wie die innere Verfassung unsere Ausdrucksweise beeinflußt und wie verräterisch unsere verbalen und nonverbalen Äußerungen gerade im Preisgespräch sind.

Was meine ich mit geistiger Hygiene? Ganz einfach alles, was uns hilft, daß wir uns besser fühlen und mehr Kraft haben für unsere tägliche Aufgabenstellung, nämlich unsere Produkte und Preise überzeugend zu verkaufen.

Mein Lieblingsvergleich zu diesem Thema stammt noch aus meiner Zeit als Verkäufer in der Befestigungstechnik. Hier hatten wir sehr gut funktionierende Akku-Schrauber, die frisch aufgeladen eine riesige Kraft besaßen und eine Schraube nach der anderen in das Material beförderten. Nach ungefähr 70 bis 80 Schrauben hörte man schon, daß die Kraft des Motors erheblich nachließ, nach weiteren 20 bis 30 Schrauben ging der Motor so richtig schön „in den Keller". Jetzt war der Akku leer, kein Ton war dem Gerät zu entlocken. Jeder weiß, daß jetzt ein Ladegerät für Abhilfe sorgt – und wirklich, nach einer guten Stunde Ladezeit war der Akku wieder so richtig aufgeladen und voller Kraft für neue Taten.

Haben Sie erkannt, daß das bei uns Verkäufern genauso funktioniert? Wir sind auch manchmal so richtig voller Power und strahlen dies auch aus, doch nach dem dritten und vierten „zu teuer", das wir von unseren Kunden hören, nach der dritten oder vierten Absage, die wir erhalten, ist auch bei uns der Akku leer.

> **Wo ist Ihre Ladestation, und wie regelmäßig „zapfen" Sie diese an?**

> **Fünf Praxistips für Ihre geistige Fitness**
> - Vor dem Einschlafen lese ich einige Kapitel in einem Erfolgsbuch.
> - Vor dem Einschlafen erinnere ich mich noch einmal an die Erfolgserlebnisse des Tages.
> - Nach dem Aufwachen suche ich mir zuerst eine gute Nachricht.
> - Ich wähle aus der Fülle von Informationen die für mich förderlichen aus.
> - Ich habe einen echten Ausgleich, der mir Kraft und Freude gibt.

Alle vorgenannten Punkte können Ihnen helfen, mehr Begeisterung für sich selbst zu empfinden und diesen persönlichen Mehr-Wert als die Grundlage für jeden weiteren Mehr-Wert, den Sie Ihren Kunden bieten, zu festigen.

Nur wenn wir von uns selbst überzeugt und begeistert sind, können wir auch andere überzeugen und begeistern. Und das stellt einen ganz erheblichen Mehr-Wert dar. Denn letztendlich kauft jeder Kunde zuerst bei Ihnen und dann bei Ihrem Unternehmen. Selbst wenn Sie Massenware verkaufen, denken Sie immer daran: Sie selbst sind keine Massenware, Sie sind einzigartig.

Verkaufen Sie Ihre persönliche Art als Mehr-Wert. Sie sind Ihre eigene Marke. Tom Peters prägte hierzu bei seinen Veranstaltungen in den USA den Begriff: „Brand U". Mache dich zur Marke!

> **Welches sind die Kennzeichen Ihrer persönlichen Marke?**

Ist Ihr Markenzeichen darin begründet, daß Sie ein unerschütterliches Selbstvertrauen und den Mut haben, Ihre Mehr-Preise durch Mehr-Werte klarzumachen?

Gerne möchte ich dieses Kapitel mit einem Zitat von Erich Fromm beenden:

> Nur wenn wir an uns selbst glauben, können wir auch an andere glauben.

Checkliste

- Was wollen Sie in Ihre Persönlichkeitsentwicklung investieren?

  _____

  _____

- Welchen Stellenwert geben Sie sich selbst?

  _____

  _____

- Wie ernähren Sie sich geistig?

  _____

  _____

- Was tun Sie für Ihre geistige Hygiene?

  _____

  _____

Checkliste *(Fortsetzung)*

- Welchen Gedanken geben Sie Macht über sich selbst und welchen nicht?
  _____
  _____

- Mit welchen Gedanken beenden Sie einen Tag?
  _____
  _____

- Mit welchen Gedanken beginnen Sie einen neuen Tag?
  _____
  _____

- Wo ist Ihre persönliche „Akku-Ladestation"?
  _____
  _____

- Wie stark verkaufen Sie sich und Ihre unerschütterliche positive Ausstrahlung als Markenzeichen?
  _____
  _____

2.2 Stolz sein auf Ihr Unternehmen und seine Produkte

Ich muß morgen früh schon wieder arbeiten, denn mein Urlaub ist vorbei, morgen geht der Streß wieder los, es ist nämlich Montag. Kennen Sie solche oder ähnliche Aussagen?

Wie kann jemand, der schon mit einem solchen Widerwillen an die Arbeit geht, mit Begeisterung von seinen Preisen und den dahinter verborgenen Werten reden? Das wird nicht funktionieren. Prüfen Sie einmal für sich persönlich, ob Sie denn wirklich stolz sind auf das Unternehmen, für das Sie arbeiten. Regt sich da etwas in Ihren Gefühlen, wenn Sie das Logo sehen? Oder arbeiten Sie vielleicht nach dem Standpunkt: „Warum sollte ich auf diesen Laden stolz sein, die können froh sein, wenn ich überhaupt meine Arbeit mache."?

Leider spüren anscheinend viele Kunden und Verbraucher bei ihren Einkäufen immer öfter diese Einstellung. Mittlerweile wird dieser Mißstand in Büchern mit Titeln wie „Servicewüste Deutschland" oder „König Kunde – abgezockt und angeschmiert" usw. heftig beklagt. Woran liegt es denn, daß wir uns so schwertun, besondere Leistungen zu erbringen? Ist es denn zuviel verlangt, sich für seine Arbeit zu begeistern und mit Freude und Schwung daranzugehen, sich zu freuen über seine Produkte und Preise und dies auch den Kunden zu zeigen? Nein, es ist ganz einfach, es ist nur eine Frage unserer persönlichen Einstellung dazu.

> Ein-stellung bedeutet, der innere Schalter steht auf EIN, also nicht auf AUS !
>
> (Erich-Norbert Detroy)

Achten Sie einmal darauf, welche Storys erzählt werden, wenn Sie im Kollegenkreis zusammensitzen. Im Kapitel 1.2 konnten Sie die

Geschichte von Karl lesen. Kennen Sie diese Miesepeter, die alles daransetzen, jeden Sachverhalt nur negativ zu betrachten? Egal was passiert, diese Menschen sehen immer nur die Risiken, die damit einhergehen, und erkennen gar nicht, daß auch Chancen in den Dingen verborgen sind.

Ein Freund von mir, der ein mittelständisches Unternehmen leitet, teilt seine Mitarbeiter in zwei Kategorien ein, nämlich in die signierenden, welche die Leistungen und Mehr-Werte also signifikant herausstellen, und in die resignierenden, die die ganze Sache schon aufgeben, bevor sie damit angefangen haben.

Positives nicht aus dem Blick verlieren

Glauben Sie mir, es wird keinem Verkäufer gelingen, einen hohen Preis überzeugend zu vermitteln, wenn er immer an allen Dingen nur herumkritisiert und den „Pferdefuß" sucht. Gerade neulich erlebte ich in einer Verkaufsmannschaft einen typischen Fall, als es darum ging, Notebooks für die Verkäufer einzusetzen. Dieses Computer Aided Selling bietet, beim richtigen Einsatz, eine unvorstellbar große Menge von Vorteilen in der Kundenbetreuung und stellt in der heutigen Zeit ein fast unverzichtbares Erfolgswerkzeug dar. Was wurden aber in der Verkaufsmannschaft für Stimmen laut? „Die wollen uns mit diesen Dingern doch nur kontrollieren, Orwell läßt grüßen, demnächst verfolgen die uns noch per Satellit, dann haben wir ja gar keine Freiräume mehr, wir sind dann doch völlig austauschbar" usw. Nur ein paar wenige redeten von den tollen Chancen, die damit verbunden sind, doch diese Fürsprecher ließ die Menge überhaupt nicht zu Wort kommen.

Warum ist es so schwer, bei einer neuen Sache zuerst einmal die Chancen zu sehen und dann die Risiken zu beleuchten? Liegt es vielleicht daran, daß viele Menschen so eine Art von Zweckpessimismus betreiben und sich zunächst einmal den schlimmsten Fall plastisch ausmalen, mit dem Argument: „Wenn es dann besser kommt, ist es gut, ansonsten werde ich wenigstens nicht enttäuscht."? Erich Ollenhauer sagte einmal so treffend:

> Der Pessimist ist der einzige Mist, auf dem nichts wächst.

Damit sollte er recht behalten. Suchen Sie in der Zukunft doch von jeder Sache erst einmal die guten Seiten, und führen Sie sich die vielen Dinge vor Augen, die in Ihrem Unternehmen gut und einwandfrei funktionieren und Mehr-Werte darstellen. Denken Sie öfter einmal ganz bewußt an all die Kunden, die Ihre Produkte einsetzen und dabei hoch zufrieden oder sogar begeistert sind. Erzählen Sie davon, wenn Sie demnächst zusammensitzen. Lassen Sie bei Gelegenheit jeden im Kollegenkreise ein begeisterndes Erlebnis in Zusammenhang mit einem Kunden schildern. Wenn Ihnen das albern vorkommt, dann fragen Sie sich, ob es denn intelligenter ist, sich ständig Horrorstorys zu erzählen und zu frotzeln.

Fünf Praxistips für gezieltes Chancen-Denken
- Ich suche bewußt immer zuerst die Gründe, die für eine Sache, dann erst die, die dagegen sprechen.
- Ich denke immer in Chancen und nicht in Risiken.
- Ich weiß, daß sogar die schlimmsten Ereignisse immer irgendwo auch eine Chance in sich bergen.
- Ich suche bei jeder Sache erst den konstruktiven Ansatz.
- Ich hüte mich vor Horrorstorys.

Buch führen über Erfolge

Einige Top-Verkäufer, die ich kennenlernen konnte, legten sich sogar ihr persönliches „Power-Book" zu. Was das ist? Ein unbeschriebenes Büchlein, wie Sie es in jeder Papierwarenhandlung erwerben können und in das Sie jedes Erfolgserlebnis schriftlich eintragen. Diese Top-Verkäufer haben auch ihre Stimmungstiefs, entstanden durch Mißerfolge oder durch verlorene Preisgespräche, aber gerade dann schlagen sie ihr „Power-Book" auf und durchleben frühere Erfolge noch einmal ganz intensiv. Das gibt Kraft, und es verleiht vor allen Dingen wieder die Ausstrahlung, die Sie benötigen, um Ihre Preise überzeugend zu transportieren.

Nachfolgend eine Checkliste für die Erstellung Ihres persönlichen „Power-Books":

- Welches war das schönste Verkaufserlebnis der letzten Monate?
- Wo konnte ich einen Auftrag schreiben, obwohl ich teurer war?
- Wo konnte ich meinen ärgsten Wettbewerber aus dem Feld schlagen?
- Welche Kunden bedankten sich bei mir für die gute Betreuung?
- Welche Kunden lobten mich vor meinem Boß?
- Welche Großaufträge konnte ich nach zähen Verhandlungen „an Land ziehen"?

Schreiben Sie bitte auch alle mit den Erfolgserlebnissen verbundenen Details auf, zum Beispiel:

- Welchen Stift benutzte ich damals, um den Auftrag aufzuschreiben?
- Wie sah der Block aus, auf dem ich schrieb?
- Welche Stimme hatte der Kunde, der mir den Auftrag gab?
- Wie war ich damals gekleidet?
- Welche Kleidung trug mein Kunde?
- Wie sah das Büro aus, in dem wir uns befanden?
- Was fühlte ich, als ich den Auftrag erhielt?
- Wem erzählte ich zuerst von meinem tollen Erfolg?
- Was für ein Auto fuhr ich damals?
- Wo fuhr ich gleich danach hin?
- Was sagte mein Boß, als ich ihm von dem Erfolg erzählte?

Durchleben Sie beim Aufschreiben noch einmal dieses wunderbare Gefühl, das Sie durchströmte, als Sie es geschafft haben, Ihrem Kunden Ihre Mehr-Werte klarzumachen, und versetzen Sie sich, wann immer Sie wollen, in diesen angenehmen Zustand.

An dieser Stelle möchte ich noch einmal betonen, daß ich kein Freund der „rosaroten Brille" bin und absolut nichts davon halte, Mißstände zu beschönigen und zu vertuschen. Aber lassen Sie uns doch von den 80 Prozent, die in Ihrem Unternehmen gut funktionieren, auch 80 Prozent unserer Zeit reden und in die 20 Prozent, die nicht so gut funktionieren, auch nur 20 Prozent unserer Gedanken und Gespräche investieren.

In den meisten Unternehmen, für die ich tätig bin, funktionieren sogar deutlich mehr als 80 Prozent der Dinge gut, was mir die Teilnehmer auch immer wieder bestätigen. Hören wir auf, die wenigen Vorfälle, bei denen etwas wirklich nicht gut läuft, unnötig hochzustilisieren. Wem soll das etwas bringen? Gehen Sie an diese Mißstände konstruktiv-kritisch heran, also nach dem Motto: „Was tun wir, damit so etwas nicht wieder passiert" statt: „Typisch, hier läuft ja auch wirklich alles schief."

Lassen Sie mich einen Vergleich ziehen zu dem momentan sehr beliebten Formel-1-Sport. Seit Michael Schumacher in die Formel 1 eingestiegen ist, gibt es immer mehr Fans, die sich von dem Rausch der Geschwindigkeit begeistern und faszinieren lassen. Als Schumacher zu Ferrari wechselte, klappte dort vieles nicht so, wie er sich dies vorstellte. Er kam von dem perfekt funktionierenden Bennetton-Team und mußte sich nun mit den Unwägbarkeiten dieses neuen Rennstalls auseinandersetzen. Da platzte der Motor, das Getriebe streikte, die Antriebswellen lösten sich, die Elektronik spielte verrückt usw.

Was meinen Sie: Wie hoch wären die Chancen Schumachers gewesen, auch nur ein Rennen zu gewinnen, wenn er sich ständig all diese Negativfaktoren, die ja nicht wegzudiskutieren sind, immer wieder in den Sinn zurückgerufen hätte? Wenn er vor jedem Rennen noch einmal ausgiebig diese schlimmen Gefühlsverfassungen, in denen er sich nach einem solchen Ausfall befand, durchlebt hätte? Wahrscheinlich wären seine Chancen gegen Null tendiert, oder?

Aber er hat gewonnen und hervorragende Rennen gefahren, er hat von einem aussichtslosen 16. Startplatz in Spa das ganze Feld überholt und das Rennen als Sieger beendet. Warum? Ganz einfach deshalb, weil er sich an seine Erfolge erinnert, sich immer wieder in diesen wunderbaren Zustand versetzt hat, den er auf dem Siegertreppchen empfand, und weil er es geschafft hat, sich von negativem Ballast frei zu machen. Das ist echte Höchstleistung, die Respekt verdient.

Aber auch an diesem Spitzensportler finden ja die meisten etwas zu kritisieren. Nachdem er 1997 eine glanzvolle Grand-Prix-Saison mit einem Patzer beim letzten Rennen beendete, sprachen viele nicht mehr über die 15 guten Rennen, sondern über den Fehler beim letzten.

Es gibt eben Menschen, die an nichts „einen guten Faden" lassen können.

Wie ist das bei Ihnen? Befinden Sie sich auch in einem Grand-Prix, bei dem es am Schluß doch nur darum geht, auf dem Siegertreppchen zu stehen und dort den Auftrag zu Ihren Konditionen, Ihren Preisen entgegenzunehmen?

Checkliste

- Was empfinden Sie, wenn Sie an Ihre Arbeit denken:
  Frust und Last oder Freude und Spaß?

  _____

  _____

- Auf welcher Stellung steht Ihr innerer Schalter:
  auf Ein oder auf Aus?

  _____

  _____

- Gehören Sie zu den signierenden oder zu den resignierenden Mitarbeitern in Ihrem Unternehmen?

  _____

  _____

> **Checkliste** *(Fortsetzung)*
>
> - Wie oft suchen Sie bei neuen Ideen und Denkansätzen zuerst die negativen und wie oft zuerst die positiven Aspekte?
>
>   _____
>   _____
>
> - Wie oft wissen Sie sofort, warum etwas nicht geht, und können dies auch sehr gut erklären?
>
>   _____
>   _____
>
> - Wie oft suchen Sie ganz bewußt Lösungswege, um die Dinge gangbar zu machen?
>
>   _____
>   _____
>
> - Wann schreiben Sie das erste Kapitel in Ihrem persönlichen Power-Book?
>
>   _____
>   _____

2.3 Begeisterung für Ihre Kunden entwickeln

Es war an einem dieser erfolgversprechenden Sommertage, an denen die Sonne schon sehr früh aufgeht und die gute Laune einen zusätzlich beflügelt. Ich hatte mich mit einem Außendienstmitarbeiter, nennen wir ihn „Charlie", zu einer Mitreise verabredet, um seine Kunden und seine tägliche Arbeit im Vorfeld des Trainings kennenzulernen.

Wir trafen uns um 8.00 Uhr auf einem Parkplatz nahe München. Ich stieg zu „Charlie" ins Auto, wir begrüßten uns, und ich spürte das

Mißtrauen, das er mir gegenüber hatte. Er gab sich auch keine große Mühe, dies zu verbergen. Auf dem Weg zum ersten Kunden erzählte er mir von dem „Typen", mit dem wir jetzt gleich reden würden. „Charlie" hielt nicht viel von diesem Zentraleinkäufer, mit dem er verhandeln wollte, und bedachte ihn mit manch unflätigen Ausdrücken, die ich hier nur gemildert wiedergeben möchte: „Dem geht es doch nur um den Preis, der weiß ja gar nicht, was er einkauft, fachlich ist das eine absolute Null, auch im Haus soll er unbeliebt sein, der geht über Leichen. Mein Vorgänger hat mir von dem schon erzählt, und das Schlimme ist, mit solchen ‚Typen' habe ich es jeden Tag zu tun." Sie haben nun also eine kurze Beschreibung des Szenarios. Wir kamen beim Kunden an und mußten noch eine Viertelstunde bis zum Gespräch warten. Die nette Sekretärin des Zentraleinkäufers bat uns um etwas Geduld.

„Das ist typisch für den, der macht das bestimmt extra", meinte „Charlie". Als wir dann hereingebeten wurden, erfolgte eine freundliche, aber kurze Begrüßung. „Charlie" lief nach den ersten Begrüßungsfloskeln und dem traditionellen Visitenkartentausch sofort zu den Bildern, die an der Wand hingen, und lobte diese ausgiebig. Der Zentraleinkäufer schaute erst mich kurz an, blickte dann zu „Charlie" und meinte: „Ja, ja, das stimmt, aber lassen Sie uns bitte gleich über das Geschäft reden."

So kamen wir auch ziemlich schnell zum Thema, sprachen über die geplante Jahresvereinbarung, die Mengen, den Liefermodus und natürlich über den Preis. Bis zum Thema Preis ging alles einigermaßen gut, doch dann bildeten sich Fronten, das Gespräch und die Atmosphäre wurden zunehmend kälter. Wir kamen nach einer guten Stunde zu keiner Einigung, da die Forderungen des Zentraleinkäufers die Kompetenzen von „Charlie" überschritten. Wir vertagten die Verhandlung und verließen nach einer kurzen und wenig herzlichen Verabschiedung das Büro. Der letzte Satz des Einkäufers war: „Aber denken Sie daran, ich kann nicht allzu lange auf Ihre Antwort warten, wir brauchen die Entscheidung bald, und Sie wissen ja, daß wir auch mit Ihrem Wettbewerber verhandeln." „Charlie" nickte und versprach, sich noch in der Woche zu melden.

Als wir am Auto ankamen, schaute mich „Charlie" an und fragte mich mit siegessicherem Lächeln: „Na, habe ich zuviel versprochen? Übrigens, Herr Fett, daß man den Kunden auf etwas ansprechen soll, was man in seinem Büro entdeckt hat, das habe ich auch mal bei einem von ‚euch' (er meinte damit bei einem Verkaufstrainer) gelernt, Sie sehen ja, daß es damit auch nicht funktioniert." Ich atmete tief durch und sagte erst einmal gar nichts zu dieser Situation.

Als wir kurz darauf in einem Café saßen, weil einer der Termine, die „Charlie" vereinbart hatte, kurzfristig abgesagt wurde, unterhielten wir uns ausgiebig über das Gespräch bei diesem Einkäufer.

Zuerst fragte ich „Charlie", ob er denn schon einmal etwas von dem Sprichwort: „Wie man in den Wald hinein ruft, so schallt es auch heraus" gehört habe. Er bejahte dies, verstand aber offenkundig nicht, was ich damit sagen wollte. „Nein, nein, Herr Fett, ich laß mir doch nicht einreden, daß ich jetzt schuld war, daß dieses Gespräch so schlecht lief, die Einkäufer von heute sind so, die agieren eiskalt und wollen nur eines, nämlich Rabatt, und dabei ist denen alles andere egal. Sie sehen doch, was für ein Typ das war, wer sich solche Bilder von diesem ‚verrückten Wiener' (Entschuldigung, lieber Friedensreich Hundertwasser) ins Büro hängt, der kann doch nicht ganz richtig ticken."

Vorurteile engen die Wahrnehmung ein

Vielleicht mußten Sie jetzt beim Lesen schmunzeln und denken, daß diese Geschichte doch sicher nicht stattgefunden hat. Ich kann Sie beruhigen, sie hat stattgefunden, und zwar genauso, wie geschildert, und ich glaube, daß diese Geschichte nicht nur einmal am Tag, sondern immer wieder stattfindet.

Was passiert denn da wirklich? Lassen Sie mich eine Anleihe bei Paul Watzlawick machen. Sicher haben Sie von ihm schon einmal etwas gehört. Er hat ja den Begriff der „sich selbst erfüllenden Prophezeiung" geprägt. Doch schon vor Tausenden von Jahren hatte ein Mensch mit Namen Hiob einen ähnlichen Gedanken, denn er sagte: „Das, was ich befürchtete, ist über mich gekommen."

„Charlie" hat sich vor dem Gespräch regelrecht in eine Negativstimmung versetzt und war gar nicht mehr in der Lage, diesem Einkäufer neutral oder sogar positiv zu begegnen. Er verengte seinen Blickwinkel derart, daß er nur noch das wahrnahm, was in seine vorgefaßte Meinung hineinpaßte. In der Psychologie nennt man dieses Phänomen die „selektive Wahrnehmung". Was bedeutet das? Ganz einfach: daß das, wofür wir uns ganz besonders interessieren, unsere Wahrnehmung stark beeinflußt.

Ein Beispiel dazu: Angenommen, Sie möchten sich ein neues Auto kaufen, Sie haben schon alles gefahren, was es am Markt gibt, und wollen jetzt mal etwas ganz anderes. Sie entscheiden sich für einen Saab. Diese Marke hat in Deutschland einen Marktanteil von deutlich unter einem Prozent. Wahrscheinlich werden Sie aber, nachdem Sie Ihre Entscheidung getroffen haben, plötzlich an jeder Ecke Fahrzeuge der Marke Saab sehen und sich über die Menge der wahrgenommenen Autos dieser Marke zugleich wundern und freuen, stimmt's?

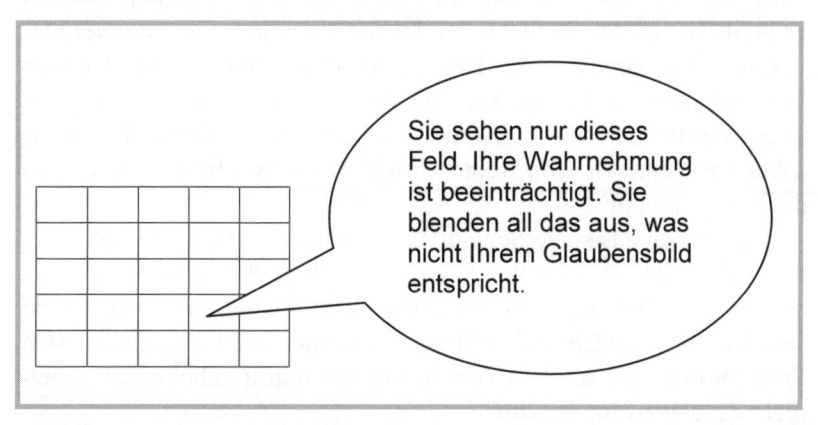

Abb. 7: Die selektive Wahrnehmung

Genau dieses Prinzip ist gemeint, wenn wir über die selektive Wahrnehmung reden. Selektiv wahrnehmen bedeutet, wir blenden bestimmte Dinge aus unserer Wahrnehmung aus und lassen dafür andere besonders stark eindringen. Und das passierte auch „Charlie".

Er nahm an seinem Gesprächspartner nur die Eigenschaften wahr, die in seine vorgefaßte Meinung paßten, und versuchte zu allem Überfluß auch noch, „Fishing for Compliments" zu machen, indem er die Bilder an der Wand lobte. Das Eigenartige oder, besser gesagt, das Erschreckende an dieser Sache ist, daß er glaubte, der Einkäufer würde seine innere Einstellung ihm gegenüber nicht bemerken, er könne ihn täuschen. Glauben Sie mir, das ging vielleicht früher gut, funktioniert aber in der heutigen Zeit nicht mehr, mal ganz davon abgesehen, daß es auch moralisch fragwürdig ist.

Die Abwehr erfolgt über den Preis

Wie denken wir über unsere Kunden? Gehen wir manchmal mit vorgefaßten Meinungen in die Gespräche und projizieren damit bestimmte Verhaltensweisen auf die Gesprächspartner?

Mit Sicherheit passiert das häufig, der Gesprächspartner merkt es, wird uns aber seine wahren Empfindungen nicht mitteilen, sondern er greift uns an der Stelle an, an der wir aus seiner Sicht am verletzlichsten sind, nämlich beim Thema Preis. Das „Zu teuer" des Kunden bedeutet oftmals:„Ich merke, daß du mich nicht magst, und jetzt zeige ich dir mal, wie verletzlich du beim Thema Preis bist" oder: „Wer will denn was von wem, ich will nichts von Ihnen, Sie wollen doch was von mir."

Sie kennen das sicherlich aus Ihrer täglichen Arbeit. Das bedeutet doch, daß viele Preisgespräche nur deshalb geführt werden, weil es auf der zwischenmenschlichen Ebene nicht stimmt. Weil der Kunde sich nicht verstanden fühlt und nun nicht nur seine Chance sieht, den Preis zu drücken, sondern vom Verkäufer rein psychologisch regelrecht dazu gezwungen wird.

Natürlich werden nicht alle Preisgespräche nur aus solchen Gründen geführt, doch nehmen wir einmal an, wir könnten durch unser Verhalten den Anteil der Gespräche, die aus rein emotionalen Gründen eskalieren, halbieren, dann wäre das doch ein toller Erfolg, oder?

Unser Kunde erkennt manchmal den persönlichen Mehr-Wert, der ihm vom Verkäufer geboten wird, ganz einfach deshalb nicht, weil dieser nicht vorhanden oder nur gespielt, also nicht echt ist. In der Folge verschließt er sich dann auch den Mehr-Werten, die in den Produkten und im Service vorhanden sind. Sehen wir denn wirklich in jedem Kunden einen potentiellen Gegner, bilden sich da Fronten?

Den Kunden nicht als Gegner sehen

Als ich neulich auf einem großen Verkäuferkongreß war, konnte ich in mehreren Vorträgen immer wieder folgende Ausdrücke hören:

- „Unsere Männer an der Verkaufsfront ..."
- „... schlagkräftige Argumente bereithalten."
- „... neue Verkäufer rekrutieren."
- „...den Kampf im Markt gewinnen."

Das hört sich ja so richtig nach Krieg an! Aber gegen wen ist dieser Krieg gerichtet? Gegen den Wettbewerb? Das wäre ja verständlich, doch sobald wir im Kunden den Gegner sehen, stimmt etwas nicht.

Wie denken und reden wir über die Kunden, wenn sie nicht dabei sind? Wie viele Plakate mit dummen Sprüchen hängen in den Büros dieser Welt? Kennen Sie diese?

- Das einzige, was hier stört, ist doch der Kunde.
- Die ganze Welt ist ein Irrenhaus, und hier ist die Zentrale.
- Da hat schon wieder so ein Idiot angerufen und nach dem Liefertermin gefragt.

Verrückt, oder nicht? Da wird einer Meinung über unsere Kunden Vorschub geleistet, die mehr als bedenklich ist, aber der Kunde sieht das nicht, der kann das nicht lesen, am Telefon sind wir ja immer sehr nett ...

Ihr Kunde spürt aber, was Sie von ihm denken. Er muß es gar nicht lesen oder hören. Er spürt, welchen Stellenwert er bei Ihnen einnimmt, er erkennt, daß hier keine Mehr-Werte geboten werden, und seine Reaktion darauf ist sehr präzise und erfolgt gnadenlos: Er wird versuchen, den Preis zu drücken.

Alfred Herrhausen, der frühere Chef der Deutschen Bank, sagte einmal frei nach Goethe:

> Das, was wir Menschen *denken*, sorgt für unsere *Ausstrahlung*, und was wir ausstrahlen, werden wir auch *anziehen*.

Natürlich gibt es Gesprächspartner, mit denen man „ganz gut kann", und Menschen, mit denen man „nicht so gut kann".

Haben Sie sich schon einmal wirklich Mühe gegeben, den anderen zu verstehen, seine Situation zu erkennen – und das nicht nur als Alibifunktion, sondern aus echtem Interesse? Suchen wir bei diesem Kunden bewußt nur nach den Faktoren, die unsere negative Meinung über ihn bestätigen, dann werden wir sie auch finden. Andererseits werden Sie auch die positiven Faktoren an einem Menschen finden, wenn Sie Ihre Wahrnehmung erweitern und sympathische Züge auch hereinlassen.

Oftmals reicht es schon aus, wenn wir über einen Menschen positiv denken, wir müssen es ihm gar nicht sagen, er spürt es. Eine Umfrage der GfK (Gesellschaft für Konsumforschung) unter Industrieeinkäufern, die 25 000 Lieferanten betreuen, ergab, daß 70 Prozent dieser Einkäufer das Gefühl haben, daß der Verkäufer sich nicht ernsthaft für sie, sondern nur für seinen Auftrag interessiert.

Wir können hier einen echten Mehr-Wert bieten, indem wir unsere Denkweise über unsere Kunden einer grundlegenden Prüfung unterziehen.

Die folgende Checkliste hilft Ihnen zu erkennen, wie Sie Ihr Mehr-Wert-Verhalten durch Ihre Denkweise über Ihre Kunden optimieren können.

Begeisterung für Ihre Kunden entwickeln

Wie denken Sie über Ihre Kunden?	
Meine Kunden sind...	Meine Kunden sind...
... egozentrische Typen, die nur ihren eigenen Vorteil suchen.	... nette und liebenswürdige Menschen, ich freue mich auf die Gespräche mit ihnen.
... nur auf Rabatte fixiert.	... meine Ernährer, und so behandle ich sie auch.
... absolute „Nullchecker".	... auch in Sachzwänge eingebunden.
... alle potentielle Betrüger.	... fair und ehrlich.
... alle käuflich, es ist nur eine Frage des Preises.	... Partner und keine Gegner.
... am Produktnutzen gar nicht interessiert.	... korrekte und vertrauenswürdige Personen.
... falsch und verschlagen ohne Ende.	... meinen Argumenten gegenüber offen.

Das innere Mißtrauen bekämpfen

Ich möchte sogar etwas weiter gehen und nicht nur die Denkweise über Kunden in Frage stellen. Für mich hat dies etwas mit dem allgemeinen Weltbild zu tun, das jeder von uns in sich trägt. Wie sieht dieses aus? Ist es geprägt von all den Intrigen und Horrorszenarien, die uns im Fernsehen fortwährend präsentiert werden, geprägt davon, daß alle Menschen falsch seien und die Moral angeblich immer weiter sinke? Ich kann und will es nicht glauben.

Ein gutes Beispiel für Ehrlichkeit und Moral ist das amerikanische Versandunternehmen Lands' End. Dort können Sie Bekleidung aus dem Katalog bestellen und haben die garantierte Möglichkeit, diese Kleidung jederzeit, egal wie alt oder ob sie getragen ist, ohne Angabe von Gründen an das Unternehmen zurückzusenden, um dann den vollen Kaufpreis erstattet zu bekommen. Das hört sich phantastisch an, oder? Sicher stellen sich jedem guten deutschen Kaufmann aber auch sofort die Nackenhaare auf, wenn er an die vielen Gutschriften denkt. Wahrscheinlich glaubt er, daß dieses Unternehmen bald wieder die Pforten schließen müsse, weil es am Rande des Ruins stehe. Wie ist die Realität?

Ganz anders. Lands' End wächst und gedeiht weiterhin, nicht nur in Amerika, sondern seit einiger Zeit auch in Deutschland. Als ein deutscher Reporter den Chairman von Lands' End fragte, wie hoch denn die Quote der Kunden sei, die dieses Rückgaberecht betrügerisch ausnutzen, lachte dieser und nannte einen Satz von zirka drei Prozent. Er meinte: „Wegen dieser paar unehrlichen Kunden werden wir aber die vielen ehrlichen Kunden nicht bestrafen." In Deutschland ist die Tendenz übrigens ähnlich.

Das sind greifbare Mehr-Werte, die von den Kunden auch honoriert werden. Doch gerade dieses Unternehmen erhielt vom Verband des deutschen Einzelhandels eine Anklage wegen unlauteren Wettbewerbs und mußte kurzzeitig den Text über die Rücknahmegarantie aus den Katalogen herausnehmen.

Wie sieht das bei Ihnen aus: Glauben Sie auch, daß die meisten Menschen ehrlich, offen und fair sind, oder sind Sie der Ansicht, daß es genau umgekehrt ist? Wir beeinflussen unsere Umwelt durch unser Denken, durch unsere innere Haltung, denn diese strahlen wir ja auch aus und ziehen sie somit wieder an.

Wer also Mißtrauen aussät, der hat gute Chancen, Mißtrauen zu ernten; wer Vertrauen aussät, hat dagegen gute Chancen, daß man auch ihm vertrauensvoll entgegenkommt. Prüfen Sie Ihre Kunden und Gesprächspartner genau, und versuchen Sie, diese zu verstehen, ihre Beweggründe zu erfahren und ihnen somit näherzukommen. Das ist einer der größten Mehr-Werte, den Sie wahrscheinlich jemals bieten können. Wie dies im Detail funktioniert, erfahren Sie in Kapitel 3.2 ff.

Checkliste
• Wie denken Sie über Ihre Kunden?   • Wie reden Sie über Ihre Kunden?   • Wie beeinflussen Sie durch Ihre Denkweise die Reaktionen Ihrer Kunden?   • Wie echt ist Ihr Interesse an Ihren Kunden und deren „Welt"?   • Wie stark engen Sie Ihre Wahrnehmung durch vorgefaßte Meinungen ein?   • Wollen Sie Ihre Kunden wirklich verstehen lernen?   • Welche Mehr-Werte bieten Sie persönlich durch dieses echte Verstehen der Kunden?

> **Checkliste** *(Fortsetzung)*
>
> - Welche Sprüche hängen in Ihrem Büro?
>   _____
>   _____
>
> - Was strahlen Sie durch Ihre Denkweise über
>   Ihre Kunden aus, und was ziehen Sie dadurch wieder an?
>   _____
>   _____
>
> - Sehen Sie in jedem Kunden einen Feind,
>   Betrüger und Rabattfeilscher?
>   _____
>   _____
>
> - Was säen Sie bei Ihren Kunden aus – Mißtrauen
>   oder Vertrauen?
>   _____
>   _____

2.4 Positive Ansätze aus der Praxis

Einer der größten Wachstumsmärkte in der heutigen Zeit sind Unternehmen im Direktvertrieb. Eines der bekanntesten ist die Firma Vorwerk, die Bodenstaubsauger und Elektrogeräte vertreibt.

Schon vor Jahren fingen auch amerikanische Unternehmen wie Avon, Tupperware, AMC oder Amway an, in Deutschland Fuß zu fassen. Mittlerweile gibt es unzählige dieser Direktvertriebe, die, angefangen von Reinigungsmitteln über Schmuck bis hin zu Dessous, ihre Produkte verkaufen.

Die Struktur ist meist sehr einfach aufgebaut, und jeder, der dort einsteigt, hat die Möglichkeit, sich nach oben zu arbeiten. Eines bei all diesen Unternehmen ist jedoch gleich: Die Produkte werden zu relativ hohen Preisen verkauft. Das liegt zum einen daran, daß man genau diese Produkte nur über diese Vertriebsschiene kaufen kann und keine weiteren Vertriebswege, wie zum Beispiel der Handel oder der Versand, vorhanden sind. Dies bedeutet im gewissen Sinne eine Exklusivität. Zum anderen liegt es aber auch daran, daß diese Produkte meist bei einem privaten Gastgeber präsentiert und verkauft werden.

Gutes Feedback steigert die Motivation

Von einer Freundin, die mit großem Erfolg eine Bezirkshandlung eines Direktvertriebs von Kunststoffartikeln für den Haushalt mit großem Erfolg leitet, erhielt ich eine Einladung zu einem der wöchentlichen Treffen. Dieses Treffen fand an einem Montag von 9 bis 12 Uhr statt. Jede der anwesenden Damen brachte etwas mit, die einen Kaffee in großen Thermoskannen, die nächsten Kuchen und Sandwiches, und insgesamt herrschte allerbeste Stimmung. Eine solch harmonische Atmosphäre habe ich bei einem Treffen, das ja beruflicher Art war, noch nie erlebt. Privat kennt man so etwas eher, aber hier ging es schließlich um das Geschäft. Punkt 9 Uhr begann der offizielle Teil des Meetings.

Meine Freundin Eva begrüßte alle Gäste herzlich und berichtete voller Stolz von den tollen Umsatzzahlen der letzten Woche. Danach wurden all diejenigen nach vorne gebeten, die für diese Umsatzzahlen verantwortlich waren, um zu berichteten, wie sie das geschafft hatten. Jede der Damen erhielt anschließend ein kleines Präsent überreicht. Einige von ihnen erreichten an diesem Tag ihre gesteckten Monatsziele und erhielten größere Präsente von beachtlichem Wert. Nach jedem Erfahrungsbericht gab es reichlich Applaus.

Nach einer Pause wurden im zweiten Teil die Aktionsprodukte der Woche präsentiert und mit den Teilnehmerinnen in einer Art Brainstorming Tips dazu erarbeitet, mit welchen Mehr-Wert-Argumenten diese Produkte am besten zu verkaufen wären. Spontan wurden einige Verkaufsgespräche in bester Laune und mit viel Spaß vorgeführt und mit viel Applaus bedacht. Am Ende des Meetings deckte sich jede von ihnen noch mit ausreichend Mustern ein und startete, bis in die Fingerspitzen motiviert, in die Woche.

Prüfen Sie einmal, wie Ihre Verkaufstagungen aussehen und welche Stimmung dort herrscht. Vielleicht erkennen Sie ja einen Unterschied.

Voller Einsatz für die Produkte

Alle Direktvertriebe sorgen für diese hohe Begeisterung, und die Mitarbeiter dieser Unternehmen legen einen fast schon missionarischen Eifer für ihre Produkte an den Tag. Diese Menschen haben gar keine Scheu, andere auf offener Straße oder im Supermarkt anzusprechen und für ihre Produkte zu werben. Ein anderes Unternehmen, das ganz spezielle Kochtöpfe vertreibt, geht ähnliche Wege.

Auf einer dieser Verkaufsveranstaltungen beobachtete ich einen der Mitarbeiter, der voller Hingabe und Motivation – also alles Mehr-Wert-Faktoren – seine Töpfe vorführte und sehr leckere Gerichte mit einer unvorstellbaren Virtuosität zubereitete. Er war nach der Vorführung vor lauter Anstrengung und Begeisterung klitschnaß geschwitzt, strahlte aber über das ganze Gesicht. Auch dieses Unternehmen setzt am Markt Preise durch, die sehr deutlich über dem marktüblichen Niveau liegen.

Wann waren Sie das letzte Mal vor Anstrengung und Begeisterung anläßlich eines Kundengesprächs oder einer Präsentation – alle Vertriebsmitarbeiter von Saunaherstellern und Fitnessgeräten ausgenommen – klitschnaß geschwitzt?

Perfektionismus bis ins Detail

Ein anderes Unternehmen in Deutschland verkauft alles, was der Handwerker zum Befestigen benötigt. Also sehr viele nach DIN genormte Produkte. Doch wenn Sie sich hier die Mühe machen und den unvorstellbaren Erfolg etwas genauer analysieren, werden Sie feststellen, daß hier nicht von Schrauben, Muttern und Unterlagscheiben geredet wird, nein, dort wird das „Hohelied" auf die Schraube gesungen. Hier steht die Begeisterung für die Schraube mit ihrem Hintergrund und ihrer technischen Bedeutung absolut im Mittelpunkt. Befestigungstechnik wird zelebriert. Wenn der Chef dieses Unternehmens zu seinen Mitarbeitern spricht, dann setzt er eine unvorstellbare Energie frei, die begeistert und beflügelt. Diese Begeisterung merken Sie sofort, schon beim ersten Kontakt zu diesem Unternehmen. Die meisten der Mitarbeiter sind regelrecht stolz darauf, dort und nicht bei irgendeinem Unternehmen zu arbeiten, und das schlägt sich im Kontakt zu den Kunden nieder. Die Kunden wissen, daß dieses Unternehmen nicht der billigste Anbieter ist, sie wissen aber auch, daß ihnen hier sehr viel für ihr Geld geboten wird.

Und das honorieren sie durch zweistellige Zuwachszahlen in Umsatz und Ertrag, und das schon seit Jahren, auch in den sogenannten Krisen und Rezessionszeiten.

Emotionen überzeugen glaubwürdiger

Vielleicht erscheint Ihnen dies alles zu trivial und primitiv: „Auf diese Tricks fall ich doch nicht rein, mit so was kann man mich doch nicht ködern, ich bitte sie ...!" Von einem aber bin ich überzeugt: Es gibt viele Vertriebsmitarbeiter in den großen Industrieunternehmen, die sich nur eine Scheibe von dieser Begeisterung abschneiden müßten, damit ihr Verkaufserfolg ebenfalls gigantische Dimensionen annähme. Sind wir uns zu fein dafür, Begeisterung für unsere Unternehmen und Produkte zu entwickeln? Spielt unser Intellekt hier eine zu dominante Rolle, oder woran liegt es?

Ich kenne viele Vertriebsmitarbeiter, denen es peinlich ist, mit einem Dienstwagen zu fahren der die Beschriftung des Unternehmens trägt. Was denken denn da die Nachbarn und Freunde? Aber wie kann ich meine Kunden für mein Unternehmen und meine Produkte begeistern, wenn ich mich selbst damit nicht voll und ganz solidarisiere, sondern dafür schäme? Das Gehalt möchte ich natürlich schon haben und den Dienstwagen auch, gute Preise und tolle Umsätze mag ich ja auch – aber diese Begeisterungsgeschichten und ein Fahrzeug mit „Kriegsbemalung"? Nein danke! Wasch mich, aber mach mich nicht naß!

> **Wie oft und wie stark zeigen Sie beruflich und in Ihrer Freizeit Ihre Begeisterung für Ihr Unternehmen und die Produkte?**

Gerade Vertriebsmitarbeiter, die eine technisch brillante Ausbildung haben, neigen gerne dazu, sich gegen diese Form der Emotionalität besonders stark zu sperren. Hier verschanzt man sich lieber hinter technischen Produktmerkmalen und berieselt die Kunden mit Fachchinesisch, anstatt sich zu einer Gefühlsregung im Sinne von Begeisterung hinreißen zu lassen.

Während meiner Trainertätigkeit habe ich viele technische Referenten und Produktmanager kennengelernt, die auf ihrem Gebiet über ein ausgezeichnetes Produktwissen verfügen und sogar die Molekularstrukturen der verwendeten Rohstoffe bis ins Detail erklären können. Gut, einige wenige Technikfreaks interessieren diese Details vielleicht schon, die Masse der Kunden legt aber auf etwas ganz anderes Wert. Hier kommt es doch auf die richtige Verpackung der gebotenen Mehr-Werte und auf eine faszinierende Präsentation an.

Wenn Sie Ihre technisch ausgereiften Produkte, die mit tollen Alleinstellungsmerkmalen und Mehr-Werten versehen sind, mit einer einmaligen Begeisterungsfähigkeit verkaufen, dann werden viele Kunden sich davon anstecken lassen, und der Preis wird häufig zu einer zweitrangigen Angelegenheit. Natürlich spielt er immer noch eine Rolle, aber vielleicht nicht mehr die Hauptrolle wie bisher.

Immaterielle Werte, wie die Begeisterung Ihrer Kunden, das Image Ihres Unternehmens und Ihre Anziehungskraft, beeinflussen den Unternehmenserfolg wesentlich mehr, als Sie vielleicht glauben.

Das neue Denken wird durch unsichtbare, aber spürbare immaterielle Mehr-Werte geprägt. Diese Mehr-Werte sind meßbar. Deshalb haben wir auch in Zukunft Vergleichswerte für den Erfolg eines Unternehmens. Der Erfolg zeigt sich in einer höheren Attraktivität und in der Sogwirkung auf die bestehenden und potentiellen Kunden. Darüber werden Zuwächse im Umsatz und im Ertrag zu erzielen sein.

Setzen Sie sich als persönliches Ziel, „besessen" zu sein von Mehr-Werten. Zeigen Sie Ihre Besessenheit auch dadurch, daß Sie stets auf der Suche nach Mehr-Werten sind.

Checkliste

- Wie laufen Ihre Meetings ab: trocken und kräfteraubend oder begeisternd und motivierend?

  _____

  _____

- Was spüren Sie nach diesen Meetings: Frust und Ärger oder Kraft und Elan?

  _____

  _____

- Wie offensiv reden Sie auch außerhalb Ihres Arbeitsplatzes von Ihrem Beruf?

  _____

  _____

- Wieviel sind Sie bereit, von Ihrer Freizeit zu investieren, um sich zum Mehr-Wert-Profi weiterzubilden?

  _____

  _____

- Wann waren Sie das letzte Mal nach einer Kundenpräsentation naßgeschwitzt vor Anstrengung und Engagement?

  _____

  _____

Begeisterung – die Zauberformel für gute Preise

Checkliste *(Fortsetzung)*

- Was haben Sie von der Begeisterungsfähigkeit von Direktvertriebsunternehmen gelernt, und was setzen Sie davon um?

  _____

  _____

- Wie oft verschanzen Sie sich hinter den technischen Merkmalen Ihrer Produkte, statt echte Begeisterung zu zeigen?

  _____

  _____

- Wie stark sind Sie besessen vom Mehr-Wert-Fieber?

  _____

  _____

3. Mehr-Werte durch emotional starke Beziehungen

3.1 Die Bedeutung der Gefühlsebene im Preisgespräch

Daß emotionale Beziehungen im Verkauf die wichtigsten Faktoren sind, die über Erfolg oder Mißerfolg entscheiden, wurde schon in unzähligen anderen Büchern immer wieder betont und erklärt. Das „magische Dreieck", aus Gefühl, Verstand und Wille, sowie die Möglichkeiten, diese emotionalen Beziehungen zu optimieren, kennen Sie sicherlich zu Genüge.

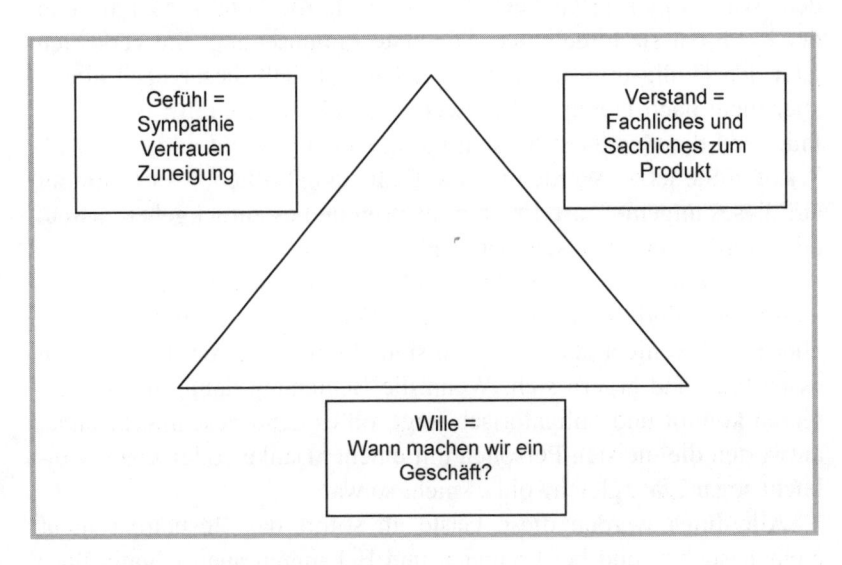

Gefühl =
Sympathie
Vertrauen
Zuneigung

Verstand =
Fachliches und
Sachliches zum
Produkt

Wille =
Wann machen wir ein
Geschäft?

Abb. 8: Das „magische Dreieck"

Aus diesem Grund möchte ich dieses Thema gerne einmal aus einem völlig anderen Blickwinkel beleuchten. Lassen Sie mich hier bitte zu einer Metapher greifen, um das Thema klarer zu skizzieren.

Reklamiert wird meist indirekt

Angenommen, Sie sitzen in einem Lokal und suchen sich aus der Speisekarte eine rosarot gebratene Barbarie-Entenbrust mit Kartoffelgratin und Gemüsejulienne an einem Honig-Ingwer-Jus aus. Diese Hauptspeise ist mit 42,60 DM in der Speisekarte verzeichnet und hört sich ja in der Tat sehr gut an. Vermutlich läuft Ihnen schon beim Lesen das Wasser im Munde zusammen.

Sie bestellen das Essen, und es wird nach der für die Zubereitung erforderlichen Zeit auch serviert. Sie begutachten erst einmal alles optisch und finden es auch in Ordnung. Dann schneiden Sie die Entenbrust an und – oh Schreck – das Messer quietscht beim Schneiden. Was ist hier geschehen? Ganz einfach, die Ente war zu alt, und der Koch hat sie totgebraten. Die erste Enttäuschung. Sie verkosten jetzt den Honig-Ingwer-Jus und stellen fest, daß dieser nach allem, aber nicht nach Honig und Ingwer schmeckt. Das Gratin ist absolut fade, und die Gemüsestifte sind völlig weich gekocht und ohne Biß. Was tun Sie jetzt? Werden Sie die Bedienung höflich, aber bestimmt auf dieses ungenießbare Essen hinweisen und es zurückgehen lassen, oder werden Sie es zu sich nehmen?

Was meinen Sie, wie viele Gäste in dieser Situation das Essen reklamieren? Sind es 5 oder 10 Prozent? Die Erfahrung zeigt, daß es in aller Regel weniger als 10 Prozent sind, die reklamieren. Die anderen essen brav und ärgern sich. Wenn die Bedienung dann zum Abservieren kommt und obligatorisch fragt, ob es denn geschmeckt habe, antworten die meisten Personen mit einem „Danke" oder sagen vielleicht sogar „Ja", gleichwohl es nicht so war.

Allerdings werden diese Gäste ab sofort das Restaurant nicht mehr besuchen und bei Freunden und Bekannten auch negativ über das Lokal reden. Warum ist das so? Warum haben nicht mehr Menschen den Mut, ihre berechtigte Reklamation vorzubringen? Liegt es an der Erziehung, an falsch verstandener Höflichkeit, oder ist es schlichtweg Feigheit?

Vermutlich ist es eine Mischung dieser Faktoren; viele Menschen gehen Konflikten gerne aus dem Weg, reden nicht offen darüber, sondern machen lieber „hinten herum" ihrem Unmut Luft. Das Fazit aus dieser Geschichte heißt im Klartext: Mißstände werden häufig nicht kommuniziert, sondern auf andere, wesentlich subtilere Art aufgearbeitet.

Antipathien stören das Verkaufsgespräch

Vermutlich sagt es Ihnen Ihr Kunde auch nicht offen ins Gesicht, wenn er spürt, daß Sie ihn nicht mögen. Vermutlich greift er dann zu dem Einwand, mit dem er Sie mit hoher Sicherheit „schachmatt" setzen kann: zu „Sie sind zu teuer", oder anderen fadenscheinigen Vorwänden von „... muß mir das alles noch mal überlegen" bis zu „... bin ja eigentlich mit dem jetzigen Lieferanten zufrieden" oder ähnlichen Sprüchen.

Er wird Ihnen vermutlich nicht offen ins Gesicht sagen: „Sie haben mich emotional nicht getoucht" oder: „Ich spüre, daß Sie mich nicht mögen." Nein, er arbeitet diese persönliche Dissonanz anders auf, er sucht nach der verletzlichsten Stelle bei Ihnen, und es bereitet ihm vielleicht sogar manchmal ein wenig Freude, hier seine Machtposition auszuspielen. Er ist dann auch für alle Mehr-Werte, die Sie ihm klarmachen wollen, absolut nicht empfänglich.

Ich bin überzeugt, daß mindestens die Hälfte der Preisgespräche, die in Nachlässe münden, auf dieses Phänomen zurückzuführen sind und somit eventuell ganz vermeidbar wären, zumindest aber nicht ganz so hart ausfallen würden.

Also kann es doch für uns ganz nützlich sein, sich in diese Materie etwas mehr zu vertiefen.

> Business ist eine Form des menschlichen Miteinanders.

Was bedeutet denn der Ausspruch, daß Business oder Verkaufen die Fähigkeit sei, positive zwischenmenschliche Beziehungen herzustellen, also eine Form des menschlichen Miteinanders?

Hier geht es doch vorrangig gar nicht um Produkte und Dienstleistungen, sondern um die Gemütszustände der Menschen, die diese Produkte und Dienstleistungen anbieten, und um die innere Einstellung derjenigen, die diese benötigen und abnehmen sollen. Mögen sich diese Parteien, so wird das Preisgespräch fair und nicht ganz so hart und brutal ausfallen.

Mögen sie sich dagegen nicht, so beginnen Machtspiele, die meist mit hohen und höchsten Rabattzugeständnissen des Verkäufers enden.

Prüfen Sie doch einmal, welches Verhältnis Sie zu den Kunden haben, bei denen Sie vernünftige Preise durchsetzen können. Was spüren Sie, wenn Sie an diese Gespräche und an die Personen denken?

Vermutlich ist es eine angenehme Erinnerung, die oft sogar freundschaftliche Gefühle beinhaltet. Die Atmosphäre bei solchen Gesprächen ist geprägt von gegenseitigem Vertrauen, von Respekt und Hochachtung voreinander.

Sie denken wahrscheinlich sehr gerne an diese Verhandlungen zurück.

Wie ist das bei den Kunden, mit denen Sie immer bis zum Schluß nur kämpfen und versuchen, sich gegenseitig auszutricksen? Was fühlen Sie da? Ist nicht ständiges Mißtrauen vorhanden? Kann man überhaupt von Respekt und Hochachtung reden? Oder erinnert das mehr an Krieg und Fronten? Wie und wo fangen wir mit der Sensibilisierung für diese überaus wichtige emotionale Ebene an?

Beginnen wir damit, Informationen über unsere Kunden zu sammeln und diese gekonnt zu verwerten.

Checkliste

- Wie oft haben Sie das Entenbrust-Beispiel schon selbst erlebt?

  _____
  _____

- Wie oft ist das „Zu teuer" Ihres Kunden gar nicht der eigentliche Grund, sondern nur ein Vorwand für einen ganz anderen Sachverhalt?

  _____
  _____

- Wie sensibilisieren Sie sich für die inneren Einstellungen und äußeren Umstände Ihrer Kunden?

  _____
  _____

- Was spüren Sie, wenn Sie an die Kunden denken, bei denen es immer nur um die Preise geht?

  _____
  _____

- Was spüren Sie, wenn Sie an die Kunden denken, bei denen Sie gute Preise durchsetzen können?

  _____
  _____

3.2 Wissen sammeln über Ihre Kunden

Informationen schaden nur dem, der sie nicht hat. Dieser Satz ist nie aktueller gewesen als heute.

Was wissen wir über unsere Kunden denn wirklich? Gerade neulich bat ich den Verkaufsleiter eines von mir betreuten großen Unternehmens darum, mir Einblick in die zentrale Kundendatei zu geben, die vom Außen- und Innendienst gepflegt wird. Beim Ansehen der ersten 30 Dateien hatte ich das Gefühl, mit dem Computer könne irgend etwas nicht stimmen, da auf den Masken am Bildschirm nur spärlichste Ansätze von Daten zu finden waren. Doch mit dem Computer war alles in Ordnung. Ich sah mir 50 weitere Datensätze an und stellte immer nur dasselbe fest.

Jetzt erinnerte ich mich an meine ersten Schritte im Verkauf und meinen unnachgiebigen Verkaufsleiter, Kurt Heissler, der stets meine Karteikarten sehen wollte. Bei jeder Mitreise war er ganz versessen darauf, meine Eintragungen auf den kleinen Pappkärtchen zu lesen. Besonders erfreut war er immer dann, wenn er feststellte, daß ich diese Daten fleißig sammelte und Stück für Stück, ähnlich wie bei einem Puzzle, vervollständigte.

Abb. 9: Kundendaten zum Gesamtbild ergänzen

Leicht gereizt reagierte er, wenn er bemerkte, daß der letzte Besuch und meine Beobachtungen nur unvollständig oder vielleicht gar nicht vermerkt waren. Und was ich da alles notieren sollte! Am Anfang erschien mir das alles übertrieben und pedantisch. Im Laufe der Zeit merkte ich jedoch, wie wichtig diese Informationen und der richtige Umgang damit für meinen Verkaufserfolg und natürlich für die Durchsetzung meiner hohen Preise waren.

Fangen wir einmal bei den ganz einfachen Dingen an, zum Beispiel bei der Geburtstagsdatei. Ist diese absolut vollständig, das heißt, sind die Daten von all Ihren Ansprechpartnern korrekt vermerkt, und erhalten diese wirklich regelmäßig eine nette und persönlich gestaltete Glückwunschkarte? Investieren wir hier tatsächlich Kreativität und Mühe, um unseren Kunden zu zeigen, wie wichtig sie uns sind? Zeigen wir bei solch einfachen Dingen unser Bestreben, Mehr-Werte zu bieten? Bitte verstehen Sie mich nicht falsch, nur wegen einer Geburtstagskarte können Sie keinen höheren Preis durchsetzen, aber diese Karte kann ein kleiner Mosaikstein in der Gesamtheit Ihrer Mehr-Wert-Bestrebungen sein.

Plumpe Anbiederung zieht nicht

Wie sieht es aus mit Ihrem Wissen über die Hobbys Ihres Kunden, kennen Sie diese wirklich? Wie verbringt er seine Freizeit am liebsten? Bitte gehen Sie mit diesem Wissen sehr sorgfältig um. Es gibt nichts Schlimmeres als Verkäufer, die Interesse an den Hobbys des Kunden vorheucheln, um „schönes Wetter" zu machen. Das durchschaut jeder. Diese Strategie funktioniert nicht mehr. Im Gegenteil, viele Kunden reagieren genervt und allergisch auf dieses unaufrichtige Getue.

Auf einer Mitreise erlebte ich dies einmal sehr deutlich. Wir kamen zu einem Entscheidungsträger, der offenkundig Motorradfahrer war. Das konnte ich sofort an Helm und Jacke erkennen, die hinter der Tür hingen.

An der Form des Helms und an der Art der Jacke war für mich, der ich ja selbst Motorrad fahre, leicht erkennbar, daß dieser Mensch eine Chopper fährt. Wir beide hätten vermutlich ein riesiges Gesprächsthema gehabt. Jeder hätte von seinen Erlebnissen, von den schönsten Strecken usw. erzählt. Doch ich führte das Gespräch ja nicht.

Der Verkäufer, mit dem ich unterwegs war, sprach den Kunden nach einiger Zeit auch auf den Helm und die Jacke an. Er fragte mit vorgetäuschtem Interesse: „Fahren Sie mit dem Motorrad zur Arbeit?" Der Kunde bejahte dies kurz, bat dann aber ziemlich bestimmend darum, sofort zum geschäftlichen Teil zu kommen und diese Sprüche zu lassen. Die Frage war ja auch wirklich ziemlich unglücklich gestellt, oder meinen Sie etwa, daß der Kunde mit diesem Outfit in der Straßenbahn sitzt?

Über einen anderen Zentraleinkäufer einer großen Lebensmittelkette war in einem Kundenmagazin zu lesen, daß er der Präsident des deutschen Orchideenzüchterverbandes sei. Diesen Mann nervte es derart, daß jeder Verkäufer ihm ein Orchideen-Gespräch aufdrängen wollte, daß er kurzerhand ein Schild auf seinem Schreibtisch aufstellte mit dem Text:

> **Bitte tun Sie mir einen Gefallen:**
> **Keine Orchideen-Gespräche!**
> **Danke!**

Was lernen wir aus diesen Geschichten? Ganz einfach: daß wir mit dem Wissen über unsere Kunden sehr sorgfältig und wohldosiert umgehen müssen, um keinen unaufrichtigen oder oberflächlichen Eindruck zu hinterlassen.

Sie kennen doch sicher diese Gespräche mit Kunden, bei denen Sie nach den technischen Daten ihrer Hobbys fragen, die Sie eigentlich gar nicht interessieren, oder? Da wird dann über die Anzahl der Gänge des Mountainbikes geredet, über die Zylinderzahl des Flugzeugs, über die Länge des Segelbootes usw.

Der Kunde gibt oft gerne Auskunft darüber, spürt aber intuitiv, wenn sich ein Verkäufer nicht wirklich für die Details interessiert. Etwas anderes ist es, wenn Sie selbst das gleiche Hobby betreiben, dann haben Sie hier einen tollen Ansatzpunkt. Wenn das aber nicht der Fall ist, warne ich vor dem „Hobbytalk" im herkömmlichen Sinne.

Prüfen wir einmal ein paar Hobbys und die mögliche Denkweise der Menschen, die jene betreiben.

Wie denkt der Briefmarkensammler?	
Seine Denkweise	Mein Rückschluß
Chronologisch	Springe nicht im Gespräch, gehe chronologisch vor.
Ordnung und Prinzip	Zeige deinen Ordnungssinn, habe alles griffbereit.
Legt Wert auf Details	Mach keine vagen Angaben, glänze mit präzisen Zahlen, Daten, Fakten.
Denkt in Bildern	Rede auch bildhaft, so daß er sich etwas vorstellen kann.
Nimmt alles unter die Lupe	Sei bestens vorbereitet, kenne alle wichtigen Details.
Wie denkt der Privatpilot?	
Seine Denkweise	Mein Rückschluß
Höchste Zuverlässigkeit im Mittelpunkt	Von erprobten Produkten reden. Absolute Pünktlichkeit.
Verwendet Checklisten	Gesprächsvorbereitung mit einer Checkliste.
Sucht neue Perspektiven	Neue Geschäftsfelder und Möglichkeiten aufzeigen.
Begeistert von neuer Technik	Innovationen präsentieren.
Liebt die Freiheit	Keine Kundenbindungsprogramme vorstellen.

Wie denkt der Schachspieler?	
Seine Denkweise	**Mein Rückschluß**
Strategisches Denken	Neue Marktstrategien aufzeigen.
Bildhaftes Gedächtnis	Notizen machen, um beim nächsten Gespräch zu brillieren.
Denkt voraus	Perspektivische Argumentation verwenden.
Denkt analytisch	Logische Schlußfolgerungen ziehen.
Wie denkt der ambitionierte Abfahrtsskiläufer?	
Seine Denkweise	**Mein Rückschluß**
Dynamisch, rasant	Kurze, komprimierte Informationen geben.
Sucht die Herausforderung	Statt von Problemen von Herausforderungen reden.
Hat ein klares Ziel vor Augen	Gemeinsame Ziele formulieren.
Umfährt Hindernisse schnell	Nicht in Details hängenbleiben.

Die Wertmaßstäbe ergründen

Eine Argumentation kann immer dann völlig unscharf werden oder sogar ganz am Ziel vorbeigehen, wenn wir nichts oder zuwenig über den Gesprächspartner wissen. Einer der wichtigen Punkte in diesem Zusammenhang ist das Wertesystem unseres Kunden.

> Sondieren Sie das Wertesystem Ihrer Ansprechpartner!

Welche Dinge sind in seinem Leben wichtig und welche nicht? Was für ein Lebensziel oder was für eine Lebensphilosophie hat er? Arbeitet er, um zu leben, oder lebt er, um zu arbeiten? Welchen Stellenwert nimmt seine Familie und das Thema Freizeit bei ihm ein?

Zu diesem Thema hatte ich mit einem Softwareverkäufer ein bemerkenswertes Erlebnis. Wir besuchten gemeinsam einen sehr erfolgreichen Steuerberater in seiner Kanzlei. Wir wurden herzlich vom Inhaber der Kanzlei empfangen und in sein Büro gebeten. Er erzählte uns als erstes mit großer Begeisterung und glänzenden Augen von seiner vielen Arbeit und seinen Terminen, von den abendlichen Gesprächen mit Mandanten und von seinen Aktivitäten, um neue Geschäftsfelder aufzubauen. Danach ergriff der Verkäufer das Wort und kam zum eigentlichen Gesprächsthema. Es ging um eine neue Software, die alle Arbeitsabläufe vereinfachen und transparenter machen sollte. Der Verkäufer argumentierte klar und stellte die Kundenwünsche in den Mittelpunkt.

Am Schluß des Gesprächs faßte er noch einmal die wichtigsten Nutzen zusammen, um sie beim Gesprächspartner zu verankern, was ja grundsätzlich richtig ist. Er nannte nun die drei elementarsten Punkte, nämlich daß die Schnittstellenproblematik eliminiert werde, daß die Arbeitszufriedenheit der Mitarbeiter erheblich steige, und als letztes kam er zum wichtigsten Punkt, nämlich dem Zeitgewinn für alle Beteiligten, auch für den Kanzleiinhaber selbst: „Auch Sie selbst sparen eine Menge Zeit dadurch und haben somit mehr Freiräume für Ihre Hobbys und für die Familie." Als der Verkäufer sagte, stellte ich in der Körpersprache des Kunden schlagartig eine grundlegende Veränderung fest.

Er lehnte sich in seinem Stuhl plötzlich weit zurück, sein wohlwollender Gesichtsausdruck wich einer starken Anspannung, und er sagte mit recht harter Stimme: „Das ist ja alles gut und schön, nur was mich jetzt interessiert, ist der Preis. Was kostet denn der ganze Spaß?" Der Verkäufer nannte den Preis sehr selbstbewußt und psychologisch absolut richtig. Trotzdem fragte der Kunde, ob das wohl sein Ernst sei. „Das ist doch viel zu teuer im Verhältnis zu dem, was es mir bringt. Für die Hälfte des Preises wäre es schon zu teuer, aber das ist doch wirklich jenseits von Gut und Böse." Der Verkäufer versuchte jetzt noch, den Preis zu erklären, eine Preis-Zeit-Perspektive aufzubauen, aber der Kunde reagierte darauf nicht mehr. Er blickte auf seine Uhr und teilte uns sehr kurz angebunden mit, daß er jetzt einen Folgetermin habe und sich die ganze Sache noch einmal überlegen wolle. „Ich komme wieder auf Sie zu, wenn ich Zeit habe." Jeder Praktiker weiß, daß dies ein typischer Spruch ist, der immer dann gebracht wird, wenn uns ein Kunde schnell loswerden möchte.

Wir verließen die Kanzlei und gingen in ein kleines Café um die Ecke. „Sehen Sie, Herr Fett, so geht mir das oft, wir sind mit dieser Anwendung wirklich zu teuer, aber in unserer Zentrale will das niemand verstehen." War dieses Produkt wirklich zu teuer, oder was ist hier passiert? Ich fragte den Verkäufer, was er denn von diesem Kunden alles wisse. Die Antwort darauf war sehr dürftig. Er kannte das Geburtsdatum, die Anzahl der Mitarbeiter und den Umsatz der Vorjahre, und das war es auch schon. Mit sowenig Informationen ist die Chance, daß ein Preisgespräch schiefgeht, natürlich relativ hoch.

Sensibilität für andere Prioritäten entwickeln

Analysieren wir einmal: Wer so begeistert von seiner Arbeit redet und so erpicht darauf ist, noch mehr zu tun, neue Geschäftsfelder aufzubauen, die Wochenenden auch noch in der Kanzlei zu verbringen, der ist ein Workaholic. Und zum Workaholic wird man ja nicht deshalb, weil man sich zu Hause so wohl fühlt, oder? Nein, im Gegenteil, Workaholic zu sein ist eine Sucht; dieser Mensch sucht etwas, was er zu Hause eben nicht findet. Freizeit und Wochenende sind ihm ein Greuel. In diesem Kontext wird auch seine Reaktion klar. Jeder andere hätte sich über mehr Freizeit gefreut und jubiliert. Er aber hat nur eines verstanden: „Du mußt früher nach Hause." Und das ist so ziemlich das Schlimmste, was er sich vorstellen kann.

Hätte der Verkäufer nur einen Satz etwas anders formuliert, zum Beispiel: „... und das Schönste daran ist, Sie persönlich haben durch den Einsatz dieser Software wesentlich mehr Zeit, die Sie in den Aufbau neuer Geschäftsfelder investieren können. Wie hört sich das für Sie an, Herr Steuerberater?" Dann wäre das Thema Preis mit hoher Wahrscheinlichkeit gar nicht angesprochen worden.

Aber dieser Kunde kann doch nicht davon erzählen, wie zerrüttet möglicherweise seine Partnerschaft ist oder was ihm sonst seine Freizeit verleidet. Also greift er den Verkäufer an der empfindlichsten Stelle an, nämlich beim Thema Preis.

So einfach ist das Spiel, das hier oft gespielt wird. In den meisten Fällen liegt es daran, daß wir im Gegenüber nur den Kunden, nicht aber den Menschen mit seinen emotionalen Bedürfnissen und Forderungen erkennen. Viele Verkäufer zeigen eben zu deutlich, daß sie nur das Geschäft mit dem Kunden machen wollen und daß ihnen alles andere relativ egal ist. Und genau dies bemerkt ein Kunde und greift dann zu seinen Standardwaffen, eine davon ist nun mal das Thema Preis.

Die Chance liegt also darin verborgen, daß wir möglichst viele Hintergrundinformationen über unseren Kunden sammeln und dementsprechend verwerten.

Ein Verkäufer von speziellen Bauteilen der elektrischen Verbindungstechnik erzählte mir davon, wie er in einem großen Projekt immer wieder mit dem Thema Preis konfrontiert wurde, aber nicht orten konnte, wer diese Attacken auf ihn initiierte. Bis er eines Tages einen Tip bekam, auf den Leiter der Kundendienstabteilung zu achten. Dieser war es dann auch, der wiederholt gegen den Verkäufer intrigierte und sich dazu des Themas Preis bediente.

Sein Beweggrund war das Argument des Verkäufers, daß sich die Wartungs- und Servicearbeiten durch den Einsatz des neuen Produkts erheblich reduzieren würden.

Der Leiter der Kundendienstabteilung sah sich also langfristig ohne Arbeit oder hatte zumindest Bedenken, daß seine Abteilung schrumpfen würde. Also müssen wir auch vorsichtig damit sein, welche Argumente wir wem übermitteln. Dazu aber im Kapitel „Mehr-Werte zielgruppengerecht transportieren" mehr.

Welche Detailinformationen wir über unsere Kunden benötigen und aus welchen Quellen wir sie erhalten, können Sie aus der nachfolgenden Checkliste leicht ersehen. Prüfen Sie bitte einmal kritisch, von welchen Kunden Sie all diese Daten kennen und in die Gespräche mit einbauen.

1. Qualitativer und quantitativer Bedarf	Quellen
• Wie hoch ist das Potential des Kunden in Stück und in DM? • Wie viele Beschäftigte hat er? • Welche Eckdaten (Umsätze pro Mitarbeiter) gibt es in dieser Branche? • Wo liegen seine Tätigkeitsschwerpunkte? • Welche Serviceleistungen bietet er? • Legt er Wert auf hohe Qualität, oder hat dies keinen besonderen Stellenwert bei ihm? • Wer sind seine Auftraggeber? • Ist er von ausschreibenden Stellen abhängig?	• Innungen • Ingenieurbüros • Großhandel • Presse • Sekretärinnen • Baustellenbesuche • Hausmeister • Mitarbeiter des Kunden • Pförtner • Kollegen vom Wettbewerb • Handelsregister
2. Beziehungen Ihres Kunden zum Wettbewerb	Quellen (ergänzend zu oben)
• Mit welchem Wettbewerber arbeitet er zusammen? • Seit wann arbeitet er mit ihm zusammen? • Wurde die Zusammenarbeit geplant, oder war es mehr zufällig, daß er sich für diesen Anbieter entschieden hat? • Was schätzt er an den Produkten des Wettbewerbers? • Was schätzt er im Umfeld des Wettbewerbers besonders?	• Der Müllcontainer, denn da liegen die Verpackungen • Offene Augen und Ohren • Ausschreibungsunterlagen

• Wie sehen die Liefermodalitäten aus? • Welche Konditionen hat er? • Welche zwischenmenschlichen Kontakte herrschen? • Gibt es konstruktionsbedingte Vorteile des Wettbewerbers? • Existieren Jahresverträge oder Bonusvereinbarungen? • Welche Bedeutung hat das Beziehungsmanagement (Schmiergelder etc.)?	
3. Offene Probleme des Kunden	**Quellen (ergänzend zu oben)**
• Wie ist es mit der Liquidität bestellt? • Wie hoch sind seine Reklamationen? • Wie hoch ist seine Fluktuationsrate? • Wie ist die Qualität der Ausbildung seiner Mitarbeiter? • Hat er qualifizierten Nachwuchs? • Wie sind die familiären Verhältnisse? • Herrscht ein hausinternes Generationsproblem vor? • Wie ist sein Image am Markt?	• Creditreform • ggf. Handwerksrolle
4. Abhängigkeiten des Kunden	**Quellen (ergänzend zu oben)**
• Existieren Lieferverträge? • Gibt es bestimmte Gegengeschäfte? • Wie sind die Teilhaberschaften geregelt?	• IHK-Registerauszug

• Existiert eine Umsatzvereinbarung? • Wer sind seine Auftraggeber? • Existieren bestimmte Betriebsmittelvorschriften seitens seiner Auftraggeber? • Mit welchen Planern und ausschreibenden Stellen arbeitet er hauptsächlich zusammen? • Arbeitet er viel mit öffentlichen Auftraggebern zusammen? • Herrschen familiäre Bindungen in irgendeiner Richtung? • Wird er von seinem derzeitigen Lieferanten künstlich am Leben gehalten (Valuta etc.)? • Diktiert die Bank, was er tun muß?	
5. Grundsätze des Kunden	**Quellen (ergänzend zu oben)**
• Welche Qualität produziert er? • Ist er ein Technikfan oder ein Technikmuffel? • Ist er in seiner Grundeinstellung mehr konservativ-traditionell oder mehr aufgeschlossen? • Wie sind seine Ansichten ganz allgemein? • Kauft er nur bei deutschen Unternehmen? • Kauft er nur bei Unternehmen, die in den neuen Ländern produzieren?	

• Wie stark ist sein Umweltbewußtsein ausgeprägt? • Arbeitet er nur mit eigenen Mitarbeitern, oder vergibt er auch Aufträge an Subunternehmer? • Lebt er, um zu arbeiten, oder arbeitet er, um zu leben?	
6. Organisatorische Strukturen beim Kunden	**Quellen (ergänzend zu oben)**
• Herrscht bei der Aufnahme neuer Lieferanten eine zentrale Entscheidungsstruktur, oder wird dezentral entschieden? • Wer sind die Entscheidungsträger? • Wie sind die Entscheidungswege? • Gibt es eine „graue Eminenz" im Hause? • Welche Gesellschaftsform existiert, und wie sehen die Beteiligungsverhältnisse aus? • Bietet er auch Serviceleistungen bei seinen Kunden an? • Hat er noch zusätzliche, ergänzende Unternehmensbereiche? • Welche Rolle spielt sein/e Lebenspartner/in im Unternehmen?	• Organigramm besorgen • Imagebroschüre lesen • Prospektunterlagen • Internet-Homepage

7. Gesprächspartner-Analyse	Quellen (ergänzend zu oben)
• Kennen Sie die persönlichen Geburtsdaten aller relevanten Gesprächspartner? • Wie sind die familiären Verhältnisse (Kinder, Enkel)? • Welches Wertesystem hat mein Ansprechpartner? • Welche Prioritäten hat Ihr Ansprechpartner in seinem Leben gesetzt? • Was für ein Typ (Phlegmatiker, Choleriker, Melancholiker, Sanguiniker) ist er? • Wann sind die günstigen Ansprechzeiten bei ihm? • Welche Autos fährt er? • Legt er besonderen Wert auf Prestigesymbole? • Wie groß ist sein Durst, bzw. existieren Abhängigkeiten?	• Beim Handwerker ist das Geburtsdatum oft auf dem Meisterbrief vermerkt
8. Zukünftige Veränderungen beim Kunden	Quellen (ergänzend zu oben)
• Ist eine Geschäftsübergabe geplant? • Will er erweitern, verkleinern, Status halten? • Möchte er Niederlassungen gründen? • Möchte er neue Geschäftsbereiche aufbauen? • Wird der Tätigkeitsschwerpunkt verlagert? • Ist eine Fusion geplant? • Ist die Nachfolge geregelt?	

Kundendatei mit Ausdauer pflegen

Erschrecken Sie bitte nicht wegen der Fülle der Daten. Sie sollen dies ja nicht alles auf einmal recherchieren, sondern bei jedem Besuch immer wieder ein oder zwei Bausteine mehr dazu sammeln. Sie werden nach gar nicht allzu langer Zeit ein perfektes Bild von Ihrem Kunden haben und qualitativ sehr hochwertige Rückschlüsse daraus ziehen können.

Tom Peters schreibt in seinem Buch „Der Innovationskreis" über den NA, den neuen Angestellten, der sich durch seine Fähigkeit als Networker auszeichnet: „Der NA ist ein Networker, dem keiner das Wasser reichen kann. Sie/Er arbeitet unablässig daran, seine/ihre Namenskartei auf dem neuesten Stand zu halten und zu erweitern ... ganz besonders intensiv durch Kontakte nach draußen, außerhalb des Mutterunternehmens."

Fangen Sie wie bei einem Puzzle erst einmal mit den Eck- oder Rahmendaten an, und arbeiten Sie sich dann weiter in die Tiefe. Es lohnt sich für Sie und für Ihre Mehr-Preise, denn Sie wissen ja: „Informationen schaden nur dem, der sie nicht hat."

Checkliste

- Was wissen Sie wirklich über Ihre Kunden?

  _____

  _____

- Sammeln Sie systematisch Daten über Ihre Kunden?

  _____

  _____

- Wie stark achten Sie auf die vermeintlichen Kleinigkeiten beim Kunden?

  _____

  _____

Checkliste *(Fortsetzung)*

- Wie klar ist Ihr Bild über die echten Wünsche Ihrer Kunden?

  _____

  _____

- Wie gehen Sie mit dem Wissen über Ihre Kunden um?

  _____

  _____

- Wissen Sie, welche Wirkung geheucheltes Interesse auf den Kunden hat?

  _____

  _____

- Kennen Sie den PIN Ihres Kunden?

  _____

  _____

- Welche Rückschlüsse können Sie aus den Hobbys Ihrer Kunden ziehen?

  _____

  _____

- Wie oft wollen Sie noch die „kleine Rache" des Kunden für die Nichtachtung seiner Wünsche spüren?

  _____

  _____

  _____

> **Checkliste** *(Fortsetzung)*
>
> - Wie oft zeigen Sie in Ihren Formulierungen und Argumenten, daß Sie Ihre Kunden wirklich verstehen?
>
>   _____
>
>   _____
>
> - Welche Detailinformationen benötigen Sie, und wie sammeln Sie diese strukturiert?
>
>   _____
>
>   _____

3.3 Die Verkaufsargumente auf den Kunden abstimmen

Jeder Mensch der ein Produkt kauft, erwartet sich davon einen Nutzen. Dieser kann einmal im rationalen Bereich und einmal im emotionalen Bereich liegen. Es überwiegen aber in aller Regel emotionale Wünsche an das Produkt.

Es ist eben ein sehr gutes Gefühl, einen Anzug der Marke Boss zu tragen oder das Ausrufezeichen von Joop! auf den Jeans zu haben statt einem No-Name-Produkt ohne das entsprechende Image. Meist wird mit dem Produkt auch ein ganz bestimmtes Lebensgefühl verkauft. Heerscharen von Psychologen erforschen den Menschen und sein Verhalten, um daraus Rückschlüsse auf sein Konsumverhalten zu ziehen und die entsprechenden Produkte zu kreieren. Denken Sie zum Beispiel nur an den Geländewagenboom. Obwohl wir eines der besten Verkehrsnetze der Welt mit hervorragend ausgebauten Straßen haben, werden trotzdem jede Menge höchst geländetüchtige Fahrzeuge verkauft. Auf den Prachtboulevards der deutschen Großstädte kann man diese dann oft ausgerüstet mit zusätzlichem Rammschutz und anderen Extras sehen.

Bedarf und Bedürfnisse analysieren

Wenn wir die rationalen und emotionalen Beweggründe aus einer anderen Perspektive betrachten, könnten wir dazu auch Bedarf und Bedürfnis sagen. Bei den Geländewagen liegt das echte Bedürfnis, also der Kaufgrund, zu einem großen Teil im Prestige verborgen, eher untergeordnet sind die Faktoren Sicherheit und Wirtschaftlichkeit.

Prüfen wir doch diese Beziehung zwischen Bedarf und Bedürfnissen an einem gut nachvollziehbaren Beispiel. Nehmen wir an, Sie wollen für Ihr Fahrzeug Winterreifen kaufen. Die ersten Novembertage waren schon ziemlich kühl, und Sie wollen nicht unbedingt erst dann zum Reifenhändler, wenn bereits Schnee gefallen ist, sondern Sie möchten rechtzeitig umrüsten. Vermutlich sieht Ihr Verhältnis von Bedarf zu Bedürfnissen wie folgt aus:

Bedarf	Bedürfnisse
• 4 Reifen in der Größe 195/65 R16 M+S	• *Sicherheit:* Sie wollen Ihre Kundentermine ohne Verzögerungen einhalten.
	• *Wirtschaftlichkeit:* Sie legen Wert auf geringen Verschleiß und eine hohe Laufleistung.
	• *Bequemlichkeit:* Der Reifen soll ruhig abrollen.
	• *Innovation:* Der Reifen soll die selbstschärfenden Lamellen haben, die sich in den Schnee krallen.
	• *Prestige:* Vielleicht soll es doch ein 205/65 R16 M+S sein, denn der sieht auf Ihrem Wagen etwas bulliger aus.

Die Verkaufsargumente auf den Kunden abstimmen

Und jetzt haben wir auch schon die fünf Grundbedürfnisse erkundet. Es sind die Faktoren *Sicherheit, Wirtschaftlichkeit, Bequemlichkeit, Innovation* und *Prestige*. Diese fünf Faktoren treffen wir in fast jeder Branche immer wieder als Bedürfnisse der Kunden an.

Die Art der Vermittlung dieser Faktoren mag zwar von Produkt zu Produkt anders sein, aber grundsätzlich verändern sie sich nicht. Was sich verändert, ist die Relevanz der einzelnen Faktoren. Der eine legt mehr Wert auf Sicherheit, der andere mehr auf Prestige, beim einen steht die Wirtschaftlichkeit, beim anderen die Innovation im Vordergrund.

Es gilt also, ein möglichst präzises Profil des jeweiligen Kunden zu erstellen und daraus die gesamte Argumentationsstrategie abzuleiten. Lassen Sie uns darangehen.

Checkliste
• Wie stark bauen Sie emotionale Argumente in Ihre Kundengespräche mit ein?   _____   _____
• Wie oft argumentieren Sie gemäß den Bedürfnissen des Kunden?   _____   _____
• Wie oft argumentieren Sie gemäß dem Bedarf des Kunden?   _____   _____
• Wie oft bauen Sie die fünf Grundbedürfnisse des Kunden systematisch in Ihre Argumentationskette ein?   _____   _____

3.4 Den Schlüssel zu Ihrem Gesprächspartner finden

Das Schlüssel-Schloß-Prinzip ist Ihnen klar. Sie können jedes Schloß nur mit dem passenden Schlüssel bequem und einfach öffnen. Sobald der Schlüssel nicht ganz 100prozentig in das Schloß paßt, klemmt es, es hakelt und gibt Probleme. Übertragen wir dieses Schlüssel-Schloß-Prinzip nun auf unser Ziel, nämlich Mehr-Werte zu vermitteln.

Stellen Sie sich bitte dazu folgendes Szenario vor: Sie wollen Ihre Produkte an ein Handwerksunternehmen verkaufen, das einen 59jährigen Einkäufer hat. Sein Name ist Adolf Mayr. Mayr hat eine gewerbliche Ausbildung und ist bereits seit 43 Jahren im Unternehmen. Er hat dort gelernt und war auch lange Jahre draußen an den Baustellen als verantwortlicher Mitarbeiter tätig. Adolf Mayr gestaltete den Aufstieg des Unternehmens, das einst mit vier Angestellten begann und heute 50 Menschen Arbeit gibt, aktiv mit. Vor 15 Jahren hatte Mayr einen Bandscheibenvorfall und ist seitdem nicht mehr in der Lage, schwere körperliche Arbeit zu verrichten. Der Inhaber des Unternehmens bot Mayr eine Stelle im Innendienst an und beauftragte ihn damit, den Einkauf und die Baustelleneinsätze zu koordinieren. Diese Arbeit macht Mayr auch gut.

Seit einem halben Jahr hat der Chef Mayr einen jungen Mann zur Seite gestellt. Die Argumente des Chefs gegenüber Mayr waren sinngemäß, er müsse sich etwas schonen, an seine Nachfolge denken usw. Mayr weiß ganz genau, welches Spiel hier gespielt wird. Er wittert die Gefahr, die von dem jungen Mitarbeiter, der Siggi Säger heißt, ausgeht, und sieht in ihm einen potentiellen Rivalen.

Mayr weiß genau, daß dieser 29 Jahre alte Säger Karriere machen will und nicht warten möchte, bis sein Kollege den Sessel altershalber räumt. Säger hat zudem nicht nur eine gewerbliche Ausbildung, sondern er hat zusätzlich noch Betriebswirtschaftslehre mit dem Schwerpunkt Kostenrechnung im Handwerksbetrieb studiert. Sein Hobby ist der Umgang mit dem Computer. Er schreibt seine eigenen

Excel-Anwendungen und schlüsselt Stück für Stück das ganze Unternehmen in einzelne Profit Center auf. Er führt die Nachkalkulation der Baustellen ein, erstellt einen Lieferanten-Bewertungskatalog, arbeitet an der kundenbezogenen Deckungsbeitragsrechnung usw. Im Hause ist er sehr beliebt durch seine frische und fröhliche Art. Man nennt ihn dort spaßeshalber Notebook-Siggi.

Das individuelle Profil der Bedürfnisse

Sehen wir uns doch jetzt einmal das Profil der beiden, bezogen auf die fünf Grundsteuerungsmechanismen, etwas genauer an. Dazu bedienen wir uns des nachfolgenden Modells (siehe Abb. 10).

Hier sind die Steuerungsmechanismen Sicherheit, Wirtschaftlichkeit, Bequemlichkeit, Innovation und Prestige jeweils noch einmal feiner in einer Skalierung von 0 bis 100 unterteilt. Sehen wir uns zuerst das Profil von Adolf Mayr genauer an:

- Wir können im Bereich *Sicherheit* eine sehr starke Ausprägung erkennen, die daher rührt, daß Mayr trotz seiner langen Zugehörigkeit jetzt natürlich etwas Bedenken wegen des jungen Säger hat. Säger wühlt in alten Unterlagen, analysiert die Lieferantenbeziehungen und könnte theoretisch einiges finden, was Mayr unangenehm wäre. Im übrigen bangt Mayr darum, daß er seine Machtposition verlieren könnte.
- Der zweite Faktor, die *Wirtschaftlichkeit,* war Mayr zwar nie egal, aber so genau untersuchte er die im Unternehmen ablaufenden Prozesse nie, es fehlte ihm ja auch das betriebswirtschaftliche Hintergrundwissen dazu, also ergibt sich eine Ausprägung von ca. 30 Prozent.
- Beim dritten Punkt, der *Bequemlichkeit,* schlägt das Pendel mit 80 Prozent wieder sehr stark aus, was nicht bedeutet, daß Mayr faul wäre, aber das Umdenken und der Gewöhnungsprozeß an neue Produkte und Techniken begeistern ihn nicht gerade sonderlich.
- Der vierte Faktor, die *Innovation,* interessiert ihn absolut nicht, deshalb nur 10 Prozent. Diese ganzen neuen Techniken, die Fach-

ausdrücke und Amerikanismen, angefangen vom Handy bis zum Notebook, das ist nicht seine Welt.
- Der letzte Faktor, das *Prestige,* ist bei Mayr mit großer Vorsicht und wohl dosiert einzusetzen. Er kann sehr gut zwischen ehrlicher, aufrichtiger Anerkennung für sich und seine Arbeit und plumper Schmeichelei unterscheiden.

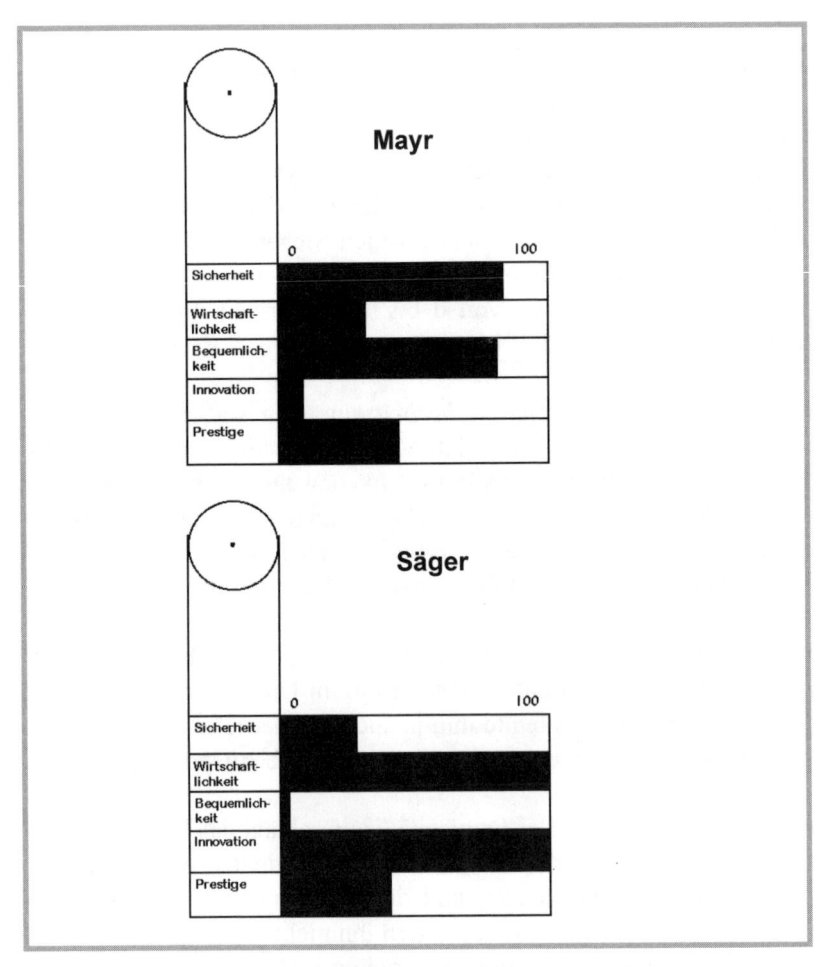

Abb. 10: Schlüsselprofil Adolf Mayr und Schlüsselprofil Siggi Säger

Bitte drehen Sie doch jetzt einmal das Buch um 90 Grad, und schauen Sie sich mit ein wenig Phantasie an, was Sie in diesem Profil sehen.

Argumente „nach Maß" anpassen

Erkennen Sie, daß dies ein Schlüssel sein könnte mit seinem Schlüsselbart? Richtig, es handelt sich hierbei um einen Schlüssel, und zwar um den speziellen Schlüssel, mit dem wir es schaffen, unseren Gesprächspartner Adolf Mayr zu öffnen. Er soll sich doch öffnen für uns und unsere Produkte, oder? Er soll sich doch ent-schließen, mit uns zusammenzuarbeiten und unsere hochpreisigen Produkte demnächst zu kaufen, oder? Das schaffen wir aber nur dann, wenn wir es in unserer gesamten Argumentation verstehen, für ihn wichtige Faktoren in genau dem Maß anzusprechen, wie sie ihn wirklich interessieren.

Angenommen, Sie erzählen ihm von einem neuen Produkt, das gerade auf der letzten Messe präsentiert wurde, wie wollen Sie das mit seinem ausgeprägten Sicherheitsdenken „unter einen Hut bringen?" Sie argumentieren dann weiter, daß dieses Produkt die prozessualen Abläufe optimiert und den Deckungsbeitrag steigen läßt – interessiert ihn das wirklich so stark? Ihr nächstes Argument zeigt ihm auf, daß er natürlich komplett umdenken muß und die gesamte Lagerhaltung und Verarbeitung ganz anders ablaufen werden als bisher. Will er das hören? Sie haben jetzt dreimal eklatant gegen seine Grundbedürfnisse und Anforderungen verstoßen.

Was wird passieren? Sagt er Ihnen jetzt, daß Sie ihn nicht verstehen und daß er deshalb nicht bei Ihnen kauft? Oh nein, er wird sein stärkstes Argument gegen Sie ins Feld führen und Sie mit Genugtuung nach dem Preis für dieses Produkt fragen, aber nur, um Sie dann abblitzen zu lassen. Schon mal erlebt? Erkennen Sie jetzt, daß einer der Mehr-Werte darin besteht, die Beweggründe und Steuerungsmechanismen unserer Kunden zu erforschen, um dann daraus unsere ausgefeilte Argumentationsstrategie abzuleiten?

Jeder, der schon einmal in einer Lehrwerkstatt an einem Werkstück gefeilt hat, weiß, daß dieses Ausfeilen eine sehr anstrengende Tätigkeit ist, die oft zu Blasen an den Händen führt.

Auch dieses Ausfeilen des Schlüsselprofils unserer Ansprechpartner ist keine leichte Aufgabe, aber sie lohnt sich in jedem Fall. Wenn Sie sich das Profil von Säger ansehen, erkennen Sie sofort, daß es grundsätzlich von dem Mayr-Profil abweicht. Säger legt eben Wert auf ganz andere Dinge, und dem müssen wir in unserer Argumentation Rechnung tragen. Schauen wir uns die Punkte im einzelnen an:

- Säger geht beim Faktor *Sicherheit* viel eher ein Risiko ein, er weiß: Wer nicht wagt, kann auch nie gewinnen.
- Beim zweiten Faktor, der *Wirtschaftlichkeit,* schlägt das Pendel bei Säger voll aus. Er ist regelrecht begeistert, wenn er von den Sparpotentialen hört, die im Prozeß zu erzielen sind, und möchte vermutlich gleich eine Wirtschaftlichkeitsberechnung anstellen.
- Bei der *Bequemlichkeit* hat Säger fast keinen Ausschlag, denn er will Karriere machen, er ist jung, und ihm ist nichts zuviel.
- Beim Faktor *Innovation* ist eigentlich klar, daß wir hier einen Vollausschlag haben.
- Beim letzten Faktor, *Prestige,* gilt es sehr vorsichtig zu erkunden, wieviel wir ihm hier geben werden.

Und so sollte jetzt bei den zukünftigen Preisgesprächen mit großer Sorgfalt herausgearbeitet werden, wer von den beteiligten Ansprechpartnern auf welche Faktoren wieviel Wert legt. Checken wir die einzelnen Faktoren noch einmal der Reihe nach durch, und versuchen wir, jedem Faktor drei grobe Grundtypen zuzuordnen.

Die fünf Steuerungsmechanismen und ihre Gewichtung

Faktor Sicherheit	Hintergrund	Strategie
Absoluter Sicherheitsfanatiker: „6-fach Airbag-Mentalität"	• Vermutlich schon öfter mit neuen Produkten großen Ärger gehabt. • Übervorsichtige Verhaltensweise, sucht geradezu nach Risiken.	• Referenzen vorbereiten. • Präzise statistische Angaben zur Sicherheit machen. • Garantien für das Produkt geben. • Von begeisterten Anwendern nachvollziehbar berichten.
Braucht normale Sicherheit: „Doppel-Airbag-Mentalität"	• Schon Ärger gehabt mit solchen Dingen, bauscht dies aber nicht sonderlich auf.	• Klare und nicht zu ausschweifende Sicherheitsargumente. Zuviel könnte ihn Verdacht schöpfen lassen.
Sicherheit mit kleinem Stellenwert: „Anschnallgurt reicht aus"	• Hat großes Vertrauen. • Geht manchmal auch bewußt ein kalkulierbares Risiko ein. • Sein Lebensmotto: Risiko ist die Bugwelle zum Erfolg.	• Sicherheitsthemen nach Möglichkeit nur auf Anfrage beantworten.

Mehr-Werte durch emotional starke Beziehungen

Faktor Wirtschaftlichkeit	Hintergrund	Strategie
Absoluter Wirtschaftlichkeitsfanatiker: Braucht Zahlen, Daten, Fakten	• Betriebswirtschaftlich hervorragende Ausbildung. • Legt Wert auf Break-even-Analyse und Return on Investment. • Sucht immer und überall nach Einsparmöglichkeiten. Kauft wahrscheinlich gerade deshalb nicht nur billig. • Will sich weiterempfehlen (Karriere).	• Absolute Fitneß in den BWL-Argumenten erforderlich. • Genaue BWL-Eckdaten seiner Branche besorgen und damit vertraut machen. • BWL-Fachausdrücke sicher beherrschen. • Auf Charts die Wirtschaftlichkeit nachvollziehbar beweisen.
Legt Wert auf Wirtschaftlichkeit: Stützt sich auf sein betriebswirtschaftliches Basiswissen	• Hat BWL-Grundkenntnisse. • Braucht groben Überblick über die Wirtschaftlichkeitsaspekte.	• Nicht zu sehr ins Detail gehen, könnte leicht überfordern. • Besonders gute Vorbereitung erforderlich, um mit wenigen Eckdaten greifbare Aussagen zur Wirtschaftlichkeit zu machen.

Den Schlüssel zu Ihrem Gesprächspartner finden

Wirtschaftlichkeit hat geringe Bedeutung: Betriebswirtschaftliche Aspekte wenig relevant	• Vermutlich keine kaufmännische Ausbildung. • Ist nur für Beschaffung der Waren verantwortlich. • Trifft wahrscheinlich seine Entscheidung nur nach dem Preis.	• Nicht durch BWL-Daten erschrecken. • In einfachen, nachvollziehbaren Bildern und Metaphern aus seiner Gedankenwelt argumentieren.
Faktor Bequemlichkeit	**Hintergrund**	**Strategie**
„Workaholic"-Typ Motto: „Ich lebe, um zu arbeiten."	• Entweder ist er Workaholic, weil es eine Sucht ist, also sucht er in der Arbeit etwas, was ihm fehlt, oder er will durch seinen Fleiß auf sich aufmerksam machen (Karriere).	• Bewußt von der Herausforderung des Neuen reden. • Auf die Chancen der neuen, eventuell nicht ganz so bequemen Zukunftsperspektiven hinweisen. • Das Wort Freizeit nicht gebrauchen! Besser von Freiräumen für neue Betätigungsfelder reden.
„Mache meine Arbeit"-Typ Motto: „Ich arbeite, um zu leben."	• Macht gute Arbeit, will sich aber kein „Bein ausreißen". • Legt Wert auf leichte, komfortable Handhabung und wenig Umstellungsaufwand.	• Bewußt von den neuen Bequemlichkeiten reden, die das Produkt bietet. • Über die leichte und problemlose Umstellung sprechen.

117

„Freizeitorientierte Schonhaltung"-Typ Motto: „Kein Schlag zuviel."	• Hat geringes Engagement, legt größten Wert auf Freizeit. • Hat kein Interesse an neuen Dingen, da diese prinzipiell unbequem sind und ein Umdenken erfordern.	• Beste Vorbereitung erforderlich, um die Aspekte Ihres Produkts herauszuarbeiten, die ihm das Leben noch bequemer machen. • Hilfe bei Umstellung anbieten, es ihm so bequem wie möglich machen, das neue Produkt einzusetzen.
Faktor Innovation	**Hintergrund**	**Strategie**
Der „Technik-Freak" Motto: „Immer auf dem neuesten Stand."	• Begeistert sich für moderne und innovative Produkte. Möchte gerne einer der ersten sein, die dieses Produkt haben. • Bestellt vermutlich auch seine Autos „blind", nur nach den Bildern. Geht bewußt Risiko ein, toleriert anfängliche Mängel, Hauptsache neu.	• Zeigen Sie ihm auf, daß er durch Sie und Ihr Unternehmen, was die technische Seite betrifft, immer ganz vorne dabei ist. • Informieren Sie ihn regelmäßig über Produktneuheiten. • Reden Sie mit ihm bewußt über technische Feinheiten, das interessiert ihn. Technik ist für ihn Selbstzweck.

Der „Durchschnittskunde" Motto: „Lieber den Spatz in der Hand ..."	• Sieht in Innovationen immer auch das Sicherheitsrisiko. • Hat vermutlich schon bei Neuheiten mehr negative Erfahrungen gemacht und ist jetzt vorsichtig.	• Erklären Sie ihm, daß erprobte Technik zum Einsatz kommt. • Zeigen Sie die Zuverlässigkeit anhand von langfristigen Studien und Beobachtungen auf. • Stellen Sie den Nutzen, der ihm aus der innovativen Technik resultiert, deutlich heraus.
Der „Techno-Muffel" Motto: „ISDN: Ist so etwas denn nötig?"	• Versteht wahrscheinlich die Technik nicht, läßt sich schnell vom „Hörensagen" beeinflussen. • Denkt sehr konservativ, hält an althergebrachten Dingen krampfhaft fest. Technik und Innovation sind „Feinde".	• Einfache, simple Erklärungen verwenden, Metaphern aus seiner Welt einbauen. • Keinen Versuch unternehmen, ihn zu bekehren. • Lieber die „Analog-Variante" anbieten statt mit „Digitaltechnik" erschrecken.

Faktor Prestige	Hintergrund	Strategie
Der „Galan" Motto: „Siehst du nicht, wer ich bin?"	• Schreit ständig nach Anerkennung, braucht die Initialen auf dem Hemd und dem Autokennzeichen. • Spielt Golf, weil es „dazu" gehört, redet gerne von sich und seinen Erfolgen. • Trägt gerne „dick" auf.	• Ihn von sich erzählen lassen, gezielte Fragen nach seinen Erfahrungen stellen. • Durch kleine Aufmerksamkeiten ihm seine Bedeutung zu erkennen geben. • Den Prestigefaktor Ihrer Produkte herausstellen: „Das kann sich nicht jeder leisten". • Eigenes Label für ihn kreieren.
Der „abgeklärte Pragmatiker" Motto: „Immer schön sachlich bleiben."	• Mag kein „fishing for compliments", da schon öfters Enttäuschungen erlebt. • Legt Wert auf ehrliche, aufrichtige und glaubwürdige Anerkennung. • Kauft lieber das gute No-Name-Produkt als das teure Label.	• Vorsichtig agieren mit Anerkennung und Zuwendungen. • Immer auf Glaubwürdigkeit achten. • Keine „hochgestochenen" Referenzadressen nennen. • Eventuell die preiswerte Zweitmarke als Trumpf aus dem Ärmel ziehen.

Der „Prestigemuffel" Motto: „Alles nur Geldmacherei."	• Viele Enttäuschungen im Prestigebereich erlebt, jetzt sehr kritische, fast feindliche Haltung dazu. • Vermutlich Protestkäufer, der absichtlich No-Names kauft, um den anderen eins auszuwischen.	• Auf sachliche und rationale Gesprächsführung achten. • Nur von den Produkten und den Funktionen reden. • Lieber Kopien des Prospekts abgeben als mit der Hochglanzbroschüre kokettieren.

Checkliste

- Was können wir vom Schlüssel-Schloß-Prinzip für die Durchsetzung von Mehr-Preisen lernen?

    _____

    _____

- Wie oft feilen Sie am persönlichen Schlüssel für Ihre Gesprächspartner?

    _____

    _____

- Worin besteht der Unterschied zwischen Bedarf und Bedürfnissen unserer Kunden?

    _____

    _____

- Welche Steuerungsmechanismen von Menschen kennen wir?

    _____

    _____

Checkliste *(Fortsetzung)*

- Wie stark reflektieren wir in den Gesprächen mit unseren Kunden auf den Bedarf, und welchen Stellenwert geben wir den Bedürfnissen?

  _____

  _____

- Wie schließen Sie Ihre Gesprächspartner auf? Haben Sie den richtigen Schlüssel?

  _____

  _____

- Kennen Sie die echten Beweggründe Ihrer Gesprächspartner?

  _____

  _____

- Welche Grundtypen ordnen Sie welchen Gesprächspartnern (Kunden) zu?

  _____

  _____

- Welche Auswirkungen hat diese Zuordnung auf Ihre Argumentation?

  _____

  _____

3.5 Den Gesprächspartner aufschließen für das Geschäft

Da Ihr Kunde in erster Linie gar nicht das Produkt kauft, sondern vielmehr die damit verbundene Bedürfnisbefriedigung, ist es von größter Bedeutung, viel Energie in die Analyse dieser jeweiligen Bedürfnisse zu investieren. Absolute Kleinigkeiten entscheiden heute darüber, ob wir etwas zu den von uns gewünschten Konditionen verkaufen oder nicht.

Vertiefen wir uns noch ein wenig weiter in dieses Thema. Gerne erinnere ich mich hierbei an einen Apotheker zurück, der für einen ganzen Verbund von Kliniken die Medikamente einkauft und über eine beachtliche Marktmacht verfügt. Auf der Mitreise mit einem Klinikreferenten eines großen Pharmaunternehmens konnte ich diese Person kennenlernen. Der Klinikreferent berichtete mir bereits im Vorfeld, daß hier immer harte Preisverhandlungen auf ihn warten. Wir stellten bei dem gemeinsamen Besuch ein neues Produkt mit einer innovativen, ja fast revolutionären Wirkstoffkombination vor. In der Reihenfolge nun kurz die Hauptargumente des Klinikreferenten:

- Absolut neue, innovative Wirkstoffkombination, seit Oktober in Deutschland zugelassen.
- Geringe Tagestherapieaufwendungen, da Einmalgabe und höhere Dosierung.
- Umdenken bei der Patientenversorgung erforderlich, da andere Wirkmechanismen.
- Substanz wurde in den USA, Universität Berkeley, entdeckt.
- Möchte Sie gerne als Anwender für die Studie zum Medikament gewinnen.

Nach diesen Argumenten, deren Vortrag zirka 15 Minuten in Anspruch nahm, waren wir beim Thema Preis gelandet. Hier lag dieses Präparat auf den ersten Blick in der Tat 40 Prozent über dem herkömmlichen und derzeit vom Apotheker gekauften Medikament.

„Mit diesem Preis kommen Sie bei mir nicht durch, mein Budget ist gedeckelt, da sehe ich absolut keine Chance." Ende der Veranstaltung, oder?

Die Reaktion auf kundenferne Argumente

Prüfen wir bitte gemeinsam, was hier passiert ist. Dazu sehen wir uns erst einmal den Schlüssel zu diesem Apotheker an.

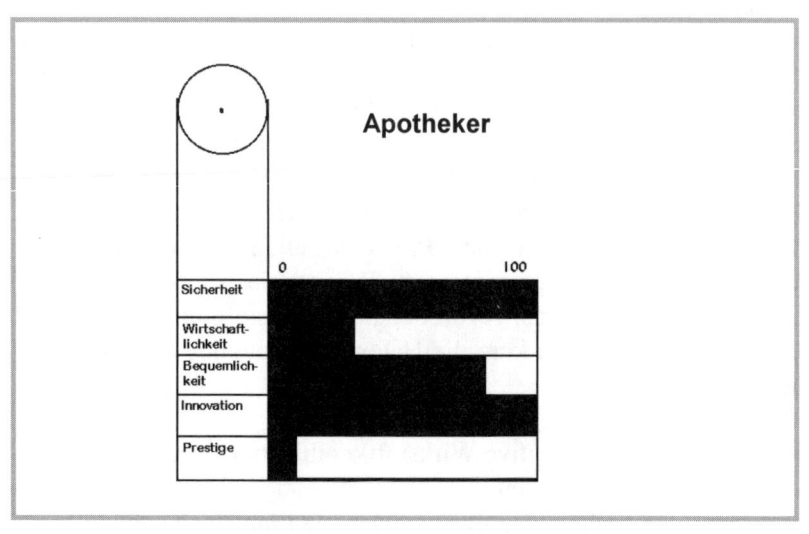

Abb. 11: Schlüsselprofil Apotheker

- *Sicherheit:* Dieser Kunde legt, wie Sie auf dem Profil sehen, Wert auf höchste Sicherheit und ist in seiner Grundeinstellung mehr konservativ. Er hört jedoch von einem neuen Präparat, das erst seit Oktober die Zulassung für den deutschen Markt hat. Da paßt für ihn etwas nicht zusammen.
- *Wirtschaftlichkeit:* Der Kunde ist Pharmakologe und kein Betriebswirt. Er denkt in wissenschaftlichen Formeln und in Substanzklassen, nicht jedoch in wirtschaftlich geprägten Tagestherapiekennzahlen. Also zum zweiten Male nicht getroffen.

- *Bequemlichkeit:* Dieser Gesprächspartner war mit seinen 58 Jahren Lebenserfahrung recht festgefahren und nur noch schwer zu gewinnen für neue, nicht ganz so bequeme und eingefahrene Wege der Patientenversorgung. Er sieht in diesen neuen Wegen eine potentielle Bedrohung und hält lieber an dem Erprobten fest (siehe auch Punkt Sicherheit). Zum dritten Mal in Reihe kein Treffer.
- *Innovation:* Ja, hier schlägt sein Pendel voll aus, da besteht bei ihm ein vitales Interesse. Gerne möchte er mehr Hintergründe zur Erforschung dieses Präparates wissen, und genau hier konnte ihm der Referent fast gar nichts sagen. Der vierte Fehlschlag.
- *Prestige:* Hier hat unser Gesprächspartner überhaupt gar keine Ambitionen mehr. Er hat schon an so vielen Studien teilgenommen und sich profiliert, daß solche Angebote nicht mehr attraktiv für ihn sind. Und genau mit diesem Argument, das ihn gar nicht interessiert, versuchte der Referent zu arbeiten. Der fünfte Fehler in seiner Argumentationskette.

Verstehen Sie jetzt, warum diesem Gesprächspartner nur noch die Chance bleibt, zu behaupten, das Präparat sei zu teuer? Hier wurde fünf Mal absolut daneben getroffen. Er fand sich und seine Bedürfnisse bei der Argumentation zu diesem Präparat nicht einmal ansatzweise wieder.

Den PIN-Vergleich konnten Sie ja bereits im vorhergehenden Kapitel kennenlernen. Gerne möchte ich wieder beim Handy bleiben, um einen weiteren Vergleich anzustellen. Jeder, der ein Handy hat, hat auch eine Rufnummer dazu. Wenn Sie zum Beispiel mich erreichen wollen, müssen Sie die Ziffernkombination 0171-4040195 wählen. Keiner käme auf die Idee und würde 0171-4040194 wählen, um dann zu behaupten, er müsse doch so bei irgendeinem Anschluß in meiner Nähe herauskommen. Das wäre doch irrsinnig, oder? Sie müssen penibel die Ziffernkombination eingeben, die Ihr jeweiliger Adressat hat, nur dann können Sie ihn wirklich erreichen. Genauso ist dies auch bei unseren Gesprächspartnern.

Pro-Fakten individuell präsentiert

Jeder hat eine andere Ziffernkombination oder einen anderen Erreichungscode, und diesen gilt es bei jedem Preisgespräch sorgfältig zu analysieren. Nur wenn Sie ihn absolut präzise ergründen, haben Sie gute Chancen, Ihr Produkt zu einem guten Preis zu verkaufen. Wenn Sie ihn nicht präzise treffen, werden Sie mit dem Vorwand „Sie sind zu teuer" konfrontiert.

Wie würde das Gespräch mit dem gerade zuvor beschriebenen Apotheker vielleicht erfolgreicher verlaufen? Schauen wir uns noch einmal die fünf Punkte mit den richtigen Argumentationen an.

- *Sicherheit:* „Das Präparat ist bereits international seit mehreren Jahren erprobt, hat in Amerika die FDA-Zulassung und ist bereits im zweiten Jahr (der Besuch fand im Februar statt) in Deutschland zugelassen."
- *Wirtschaftlichkeit:* „Ihr gedeckeltes Arzneimittelbudget wird optimal ausgeschöpft, da dieses Präparat mehr Wirkstoff enthält als Vergleichspräparate. Obwohl der Preis auf den ersten Blick höher ist, senken Sie Ihre Tagestherapieaufwendungen um 15 Prozent."
- *Bequemlichkeit:* „Gerade weil die Dosierung anders erfolgt und eine Einmalgabe pro Tag reicht, ist dieses Präparat bequem zu handeln."
- *Innovation:* Hier sehr viel von den Hintergründen zur Erforschung erzählen und gegebenenfalls wissenschaftliche Arbeiten und Dokumentationen anbieten.
- *Prestige:* Mit viel Fingerspitzengefühl einsetzen. Den Apotheker fragen, wie seine Erfahrungen mit neuen Präparaten in diesem Bereich sind, und das Thema Studie ganz weglassen.

Die Chance, daß Sie jetzt seine Interessen getroffen haben, ist relativ hoch. Wahrscheinlich wird er nun auch nicht so schnell mit seinem Haupteinwand, dem hohen Preis, kommen, da er sich in den von Ihnen verwendeten Argumenten wiederfindet.

Den Gesprächspartner aufschließen für das Geschäft

Sie wissen doch, wie ein Rohdiamant aussieht, ziemlich unscheinbar und nichtssagend, oder? Was verleiht ihm den wirklichen Wert? Der Schliff mit seinen vielen Facetten, in denen sich das Licht millionenfach bricht, reflektiert wird und den Betrachter mit seinem faszinierenden Schimmer und Glanz begeistert.

Wie ist das bei Ihren Produkten? Jedes Ihrer Produkte ist ein Rohdiamant, der auf den ersten Blick unscheinbar aussieht und erst durch Ihre Fähigkeiten der reflektierenden Argumentation richtig wertvoll wird.

Also sehen wir auch hier wieder, wie wichtig es ist, Informationen über unsere Ansprechpartner zu sammeln und dann entsprechend zu verwerten.

Gehen Sie bitte immer davon aus, daß es unzählig viele Möglichkeiten oder Perspektiven gibt, individuell zugeschnitten auf einen Kunden, die Produkte attraktiv zu beleuchten.

Checkliste

- Wieviel Energie investieren Sie in die Analyse der Bedürfnisse Ihrer Gesprächspartner?

  _____

  _____

- Arbeiten Sie aufgrund des Profils Ihres Gesprächspartners die passenden Argumente für Ihre Produkte heraus?

  _____

  _____

- Kennen Sie den Erreichungscode all Ihrer Gesprächspartner?

  _____

  _____

> **Checkliste** *(Fortsetzung)*
>
> - Berücksichtigen Sie diesen Erreichungscode in allen Gesprächen?
>
>   _____
>
>   _____
>
> - Wie schleifen Sie aus Ihren Produkten (Rohdiamanten) die einzelnen Facetten heraus, damit der Kunde sie auch klar (Brillant) erkennt?
>
>   _____
>
>   _____

3.6 Vertrauensbildende Maßnahmen entwickeln

Im Prinzip könnte ich dieses Kapitel mit nur einem Satz vollenden. Dieser Satz lautet:

> Versprechen Sie weniger, und halten Sie mehr.

Leider ist es in aller Regel meist genau umgekehrt. Da wird dem Kunden vor der Auftragserteilung alles mögliche versprochen, und nach der Unterschrift wird nur ein Bruchteil davon eingehalten. Vermutlich hat jeder von Ihnen hier selbst schon einmal negative Erfahrungen gemacht und steht deshalb allen Versprechungen von Verkäufern grundlegend skeptisch gegenüber. Schauen wir uns doch diesen Sachverhalt einmal bildhaft an.

Vertrauensbildende Maßnahmen entwickeln

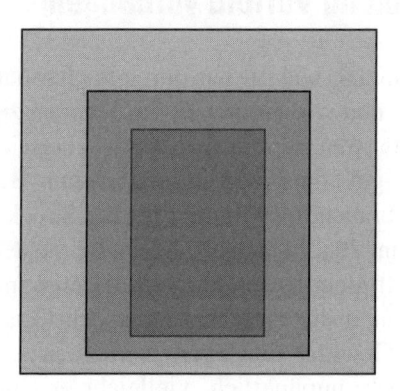

Was bedeuten diese Felder im einzelnen?

Mittleres Feld: Das fordert ein Kunde beim Kauf eines Produkts oder einer Dienstleistung, mit dieser inneren Erwartungshaltung geht er an den Kauf heran. Würde das erfüllt, so wäre es für den Kunden eine 100prozentige Leistung. Der Kunde wäre jetzt *zufrieden*.

Inneres Feld: Doch leider bekommt der Kunde in vielen Fällen statt der gewünschten 100prozentigen Leistung nur das. Er muß also Abstriche machen. Seine Erwartungshaltung wird nicht erfüllt, also versucht er, an dem Preis „noch etwas zu machen". Insgesamt wäre der Kunde jetzt trotz des gewährten Preisnachlasses dennoch *enttäuscht*.

Äußeres Feld: Hätte der Kunde diese Leistung erhalten, also ein ganzes Stück mehr als seine Erwartungshaltung, wäre er höchstwahrscheinlich auch bereit, etwas mehr zu investieren. Der Kunde wäre jetzt *begeistert*.

Abb. 12: Die Leistung im Verhältnis zur Erwartungshaltung des Kunden

Enttäuschungen im Vorfeld vorbeugen

Prüfen Sie bitte einmal, wie oft wir durch hochtrabende Versprechen enttäuscht werden und wie einfach es ist, Kunden zu begeistern. Mir gefällt hier das Beispiel der Lufthansa im Vergleich mit der Deutschen Bahn recht gut. Ihr Flugzeug startet zum Beispiel um 19.30 Uhr in Frankfurt, braucht 60 Minuten für die Strecke nach Wien und wäre theoretisch um 20.30 Uhr dort. Doch die Vielflieger unter Ihnen wissen, daß das oft nicht so funktioniert, da muß man auf dem Vorfeld warten, da dauert die Freigabe durch den Controller etwas länger, es muß ein Gewitter umflogen werden usw. Also stehen die Chancen recht hoch, unpünktlich, vielleicht erst um 20.45 Uhr, in Wien anzukommen.

Die Lufthansa hat ihre Flugpläne aber mittlerweile so ausgerichtet, daß zu der reinen Flugzeit immer noch ein kleiner Zeitzuschlag erfolgt. Die Lösung ist somit ganz einfach: Im Flugplan steht als Ankunftszeit in Wien jetzt 20.50 Uhr, und alle Passagiere haben trotz eventueller Unwägbarkeiten das Gefühl, pünktlich zu sein, genial, oder ?

Betrachten wir jetzt dagegen die Deutsche Bahn, erleben wir hier einen regelrechten „Kulturschock". Anstatt nach innovativen Marketinglösungen im Stile der Lufthansa zu suchen, wird auf einer Kreidetafel täglich eingetragen, wie pünktlich bzw. – besser gesagt – wie unpünktlich die Züge an diesem Tag sind. Das soll kundenorientiertes Marketing im ausklingenden Jahrtausend sein?

Aber nicht nur bei der Deutschen Bahn ist man, was den Faktor Kundenbegeisterung betrifft, auf dem falschen Gleis. Auch bei Automobilfirmen erlebt man immer wieder Dinge, die einen mehr als verwundern.

Als ich zum Beispiel meinen neuen Wagen bei meinem Händler abholte, übergab man mir das Fahrzeug auf dem Hof mit dem Kommentar: „Sie kennen sich ja aus mit dem Wagen!" Natürlich kenne ich mich aus. Ich setzte mich hinein, ließ den Motor an und erhielt als erstes vom Bordcomputer die Meldung: „Reichweite 000 Kilometer", und die gelbe Tankleuchte blinkte. An der nächsten Tankstelle stellte ich fest, daß in den Tank, der maximal 85 Liter fassen sollte, jetzt 87 Liter paßten. Da kommt Freude auf, ein Fahrzeug im sechsstelligen DM-Preisbereich wird übergeben und ist noch nicht einmal betankt.

Auf der Heimfahrt merkte ich, daß die Sitzbelegungsanzeige im Display aufleuchtete. Das Bordbuch hielt für diesen Fall die Erklärung bereit, daß aufgrund einer Funktionsstörung der Airbag nicht registrieren könne, ob der Sitz belegt sei und daher bei einem Unfall nicht auslösen würde. Als ich dies in der Werkstatt am Tag darauf reklamierte, kam die Antwort, es könne schon mal beim Staubsaugen unter dem Sitz passieren, daß der Stecker abgerissen würde. Sie können sich vorstellen, wie hoch meine Begeisterung jetzt noch war. Was ist die Folge? Beim nächsten Wagenkauf kommen die unangenehmen Erinnerungen wieder hoch, und vermutlich fällt das Preisgespräch dann eine Spur härter aus, wenn überhaupt dieser Händler aufgesucht wird.

Wie einfach wäre es doch gewesen, den Wagen vollgetankt und gründlich durchgecheckt, d.h. in einem einwandfreien Zustand, zu übergeben und vielleicht noch ein kleines unverhofftes Geschenk parat zu haben

Beeindrucken mit Reaktionstempo

Das oberste Ziel ist also, unsere Kunden wirklich zu begeistern und immer etwas mehr zu bieten, als sie erwarten und wir versprochen haben. Hier sticht ein Trumpf, der Schnelligkeit heißt. Sie wissen ja, nicht die Großen fressen die Kleinen, sondern die Schnellen fressen die Langsamen.

Wie schnell sind Sie in Ihrer Reaktion auf Kundenwünsche? Wie schnell erhält der Kunde einen angeforderten Prospekt, wie prompt erfolgt der Rückruf, wie schnell sind die Muster bei ihm vor Ort? Ein neuer Kunde kennt Sie und Ihr Unternehmen nicht und geht deshalb sehr aufmerksam und kritisch an die neue Geschäftsbeziehung heran. Zeigen Sie ihm von Anfang an, daß Sie schneller und verläßlicher sind als sein bisheriger Lieferant! Stellen Sie sich vor, Sie lesen in irgendeinem Magazin die Anzeige einer Firma, die einen Katalog mit Zubehör für das von Ihnen betriebene Hobby anbietet.

Da steht, zum Beispiel: „Der große Katalog für den Modelleisenbahnfreund, kostenlos jetzt anfordern, wählen Sie 0130...." Sie rufen an, Ihre Adresse wird aufgenommen, die Zusendung des Katalogs versprochen. Wann erwarten Sie diesen Katalog? Nächste Woche, in zwei Wochen, Ende dieser Woche? Nein, Sie erwarten, daß dieser Katalog möglichst schon morgen in Ihrer Post ist. Und tatsächlich, am nächsten Tag halten Sie den Katalog in Ihren Händen. Dieses Unternehmen hält, was es verspricht, prompt und ohne Wenn und Aber. Wenn die jetzt auch noch so lieferten, könnte dies Ihr Partner sein, oder?

Die Erwartungen übertreffen

Ähnlich geht es doch unserem Kunden auch. Er hat einen akuten Bedarf oder wurde durch irgendeinen Hinweis aufmerksam auf Sie und Ihr Unternehmen und hat seinen Erwartungshorizont klar abgesteckt. Nun gilt es, diesen Erwartungshorizont von Anfang an zu übertreffen und den Kunden zu begeistern.

Mein Kollege und Serviceexperte Norbert Weisshaar spricht hier von dem Erwartungsabgleich vor und nach dem Kauf und teilt die Anforderungen der Kunden in drei Bereiche auf:

- Grundanforderungen
- Leistungsanforderungen
- Begeisterungsanforderungen

Wir lesen in unzähligen Büchern und Artikeln von der Servicewüste Deutschland, hier sei ja alles so schlimm, überall nur noch unzuverlässige Leute und so fort.

Mal angenommen, das würde so stimmen, dann wäre es doch ein leichtes, sich durch solche Kleinigkeiten wie absolute Zuverlässigkeit, prompte Antwort usw. von dieser Masse deutlich positiv abzuheben, die Begeisterungsanforderungen unserer Kunden zu erfüllen und somit auch die Chance zu haben, höhere Preise durchzusetzen.

Verkaufshilfen strategisch einsetzen

Ein schönes Beispiel zu diesem Themenkomplex erlebte ich auf einer meiner vielen Mitreisen. Ich war eines Tages mit einem Verkäufer von exklusiven Baustoffen unterwegs. Wir besuchten einen sehr bedeutenden Bauunternehmer, der diese Produkte noch nicht einsetzte, sondern ein wesentlich billigeres Wettbewerbsprodukt bevorzugte. Das Gespräch lief sehr harmonisch ab, der Außendienstmitarbeiter war gut vorbereitet und beherrschte die reflektierende Argumentation hervorragend.

Zum Schluß des Gesprächs erzählte er eher beiläufig von einer von seinem Unternehmen produzierten Planungssoftware, die in der Baustellenlogistik großen Nutzen biete und in der Folge erhebliche Kosteneinsparungen bringe. Der Kunde reagierte auf diese Bemerkung sofort und erkundigte sich intensiv nach dieser Software. Der Verkäufer spürte dieses starke Interesse und machte den Kunden weiter „heiß", bis dieser fragte, ob er denn die entsprechende CD-ROM vielleicht dabei habe. „Nein, dabei habe ich sie nicht, aber ich kümmere mich darum, daß sie Ihnen zugeschickt wird", so die Antwort.

Wir verließen das Büro des Unternehmers, und der Verkäufer bat die Sekretärin im Vorzimmer um eine Versandtasche. Am Auto angekommen, öffnete er seine Tasche, holte die CD-ROM heraus, packte sie in die Versandtasche, frankierte das Ganze noch und warf es in den nächsten Briefkasten.

Diese Strategie brachte ihm folgende Vorteile ein:

- Der Kunde sieht die absolute Zuverlässigkeit des Verkäufers, da die CD-ROM am nächsten Tag auf seinem Schreibtisch liegt.
- Die Sekretärin wird diese Versandtasche beim Posteingang bevorzugt behandeln und ziemlich weit vorne in der Postmappe einsortieren.

- Der Verkäufer hat die hervorragende Möglichkeit, sich zwei Tage später telefonisch zu melden und direkt einen Folgetermin zu vereinbaren.

Denken Sie immer daran, Ihre besten Argumente und Verkaufshilfen strategisch einzusetzen. Decken Sie Ihren Kunden nicht schon beim Erstgespräch mit allen möglichen Dingen ein, das wirkt inflationär, und vor allen Dingen haben Sie für später keine „Trümpfe mehr im Ärmel", die Sie bei Bedarf ziehen können.

Machen Sie Ihre Gesprächspartner neugierig, und stellen Sie von Anfang an Ihre absolute Zuverlässigkeit und Leistungsfähigkeit als gelebten Mehr-Wert unter Beweis. Eine Kundenbeziehung kann in vier Phasen untergliedert werden:

1. Kritische Phase	2. Gleichgültige Phase
• Kann ich denen vertrauen? • Sind die wirklich besser als mein bisheriger Lieferant? • Warum wollen die einen höheren Preis? • Ich werde alles sorgfältig testen, messen, wiegen, prüden. • Vertrauen ist gut, Kontrolle ist besser. • Da bin ich mal gespannt ... ↓ ↓ ↓ *Noch wird es sehr schwer sein, gute Preise durchzusetzen*	• Die sind auch nicht schlecht ... • Läuft ganz gut ... • Sind halt ein ganzes Stück teurer. • Kunde ist nicht mehr ganz so kritisch. • Kunde faßt langsam Vertrauen. • Hält mit Lob vielleicht noch etwas zurück, hat Angst, daß wir sonst übermütig werden. • Kunde empfindet Geschäftsbeziehung als angenehm. ↓ ↓ ↓ *Noch wird es sehr schwer sein, gute Preise durchzusetzen*

3. Partnerschaftsphase	4. Loyalitätsphase
• Nette Leute bei diesem Lieferanten. • Die wissen, auf was es mir ankommt. • Die verstehen unser Geschäft. • Auf die kann man sich verlassen. • Egal was ist, die helfen alle sofort weiter. • Kunde entwickelt Freundschaft und Zuneigung zu uns und unserem Unternehmen. • Eventuell auftretende Probleme sieht er gelassener: „Es passiert doch überall mal was." ↓ *Ihre höheren Preise werden schon fast akzeptiert*	• Ich kaufe bei niemand anders mehr. • Für mich gibt es nur noch euch als Lieferanten. • Natürlich sind „die" billiger, trotzdem bleibe ich euer Kunde. • Kunde besorgt uns die aktuellen Unterlagen und Preislisten der Wettbewerber. • Kunde empfiehlt uns aktiv zu werden. • Aus Geschäftsbeziehung wird Freundschaft. ↓ ↓ *Ihre höheren Preise werden als Leistungsbeweis gesehen*

Mehr Service – mehr Vertrauen

Nachfolgend eine Checkliste mit Ideen zum Thema „Weniger versprechen und mehr einhalten", unterteilt in drei Phasen:

Vor dem Kauf:

- Immer mindestens fünf Minuten vor dem Termin anwesend, also pünktlich sein.
- Wichtige Detailprospekte, Sonderunterlagen etc. per Post zusenden.

- Rückrufe auf die Minute genau einhalten.
- Vor- und Zunamen des Gesprächspartners, eventuell akademischen Grad erkunden.
- Dem Kunden Privilegien einräumen, zum Beispiel Einladung zu einem Event senden.
- Durch genaue Notizen auf vorherige Gespräche Bezug nehmen.
- Muster absolut prompt bereitstellen und persönlich übergeben.
- Innendienstmitarbeiter über den Kunden informieren.

Während der Auftragsabwicklung:

- Telefonisch erkundigen, ob Ware pünktlich eingetroffen ist.
- Gegebenenfalls die Übergabe der Ware wertig durchführen.
- Ware gegebenenfalls zwei Tage früher liefern als versprochen.
- Bei der Erstanwendung, Installation o.ä. selbst anwesend sein und, falls möglich, mithelfen.
- Eventuell erforderliche Zubehörgeräte im Auto dabeihaben.
- Eventuell erforderliche Verschleißteile im Auto mitführen.
- Mit dem Anwendungstechniker, falls vorhanden, direkt vor Ort sein.
- Logistikhilfen (Ablaufpläne etc.) anbieten.
- Kalkulationshilfen anbieten (Eckdaten, Zeitbedarf etc.).
- Schulung der Anwender anbieten und durchführen.

Nach der Auftragsabwicklung (After-Sales-Service):

- Manöverkritikgespräch mit allen Beteiligten einberufen.
- Ergründen, was man noch besser machen könnte.
- Nachkalkulation gemeinsam durchführen.
- Für prompte Zahlung beim Kunden bedanken.
- Nächstes Projekt besprechen.

Die interne Informationsvermittlung muß klappen

Gerade auch die Schnittstelle zum Innendienst erscheint mir im Hinblick auf die Mehr-Werte, die wir bringen wollen, sehr bedeutend. Sie wissen genau, daß all das, was wir bei unserem Kunden mühsam aufgebaut haben, durch einen Anruf wieder kaputtgemacht werden kann. Angenommen, der Kunde meldet sich einen Tag nach Ihrem Besuch telefonisch in Ihrem Büro und benötigt noch eine Detailauskunft. Kommt sein Anruf über die Zentrale herein, und wird er weiterverbunden von „Pontius zu Pilatus", ohne daß ihn jemand wirklich ernst nimmt?

Wie lange muß er zwischen 9.00 und 12.00 Uhr die teuerste Musik dieser Welt in der Warteschleife hören? Jetzt hat er endlich jemanden an der Leitung, und der fragt zuerst nach der Kundennummer, die er ja noch nicht hat. „Nein, Ihren Namen habe ich noch nie gehört, von wo rufen Sie denn an, wer soll das gewesen sein, der Sie besucht hat? Bleiben sie bitte mal in der Leitung, ich weiß da jetzt auch nicht genau Bescheid ..." Toll, nicht wahr?

Glauben Sie mir, dieser Kunde denkt gar nicht daran, Ihnen auch nur einen Pfennig Mehr-Preis zu zahlen. Falls er überhaupt bei Ihnen bestellt, wird er von jetzt an nur noch nach Möglichkeiten suchen, Ihre Preise zu drücken. Was hier passiert, ist Dilettantismus pur. Sorgen Sie bitte dafür, daß Ihr Kunde nicht über die Zentrale anrufen muß, sondern seinen Gesprächspartner vom Innendienst per Durchwahl erreicht.

Die wichtigste Visitenkarte, die Sie immer dabeihaben sollten, ist nicht die mit Ihrem Namen, sondern die mit dem des jeweiligen Innendienstgesprächspartners. Informieren Sie in einem kurzen Briefing die Innendienstmitarbeiter über den neuen Kontakt, und stellen Sie seine Bedeutung deutlich heraus. Zeigen Sie die Umsatzchancen mit diesem Kunden auf, reden Sie kurz über seinen Namen und die Art, wie man diesen ausspricht, nennen Sie seinen akademischen Grad und die Kleinigkeiten, auf die er Wert legt. Einige weitere Ideen dazu finden Sie in der nachfolgenden Checkliste:

Checkliste

- Namen, Anrede, Anschrift, Telefon und Faxnummern des potentiellen Kunden korrekt und zeitnah, also noch am gleichen Tag, an den Innendienst weitergeben.

- Prüfen, wer alles zu ihm Kontakt haben könnte, Sachbearbeiter in der Auftragsabwicklung, Buchhaltung, Lager, Disposition, Versand, Fahrer etc., und diese Personen zur rechten Zeit über ihn informieren.

- Durchwahl der Innendienstansprechpartner (Visitenkarten) dem potentiellen Kunden übergeben.

- Über die Kollegen und Kolleginnen aufwertend reden, z.B.: „Unser Spezialistenteam wartet auf Ihren Anruf."

- Den Beteiligten in Ihrem Unternehmen die Umsatzchancen mit diesem Kunden aufzeigen.

- Berichten, mit welchem Wettbewerber der Kunde derzeit zusammenarbeitet.

- Aufzeigen, was er an diesem Wettbewerber besonders schätzt.

- Deutlich machen, in welchem Markt sich dieser Kunde bewegt, welche Spielregeln dort herrschen und wer seine Kunden sind.

- Kurzbriefing über die Inhalte Ihres Gesprächs mit ihm geben.

- Über Eigenheiten und Marotten des potentiellen Kunden reden.

In einigen Firmen ist aufgrund der EDV-Struktur die Möglichkeit vorhanden, solche Daten sehr schnell an die Zentrale zu senden und somit die wichtigen Personen zu informieren. Trotzdem: Haken Sie noch einmal telefonisch beim Innendienst nach, und vergewissern Sie sich, ob auch alles so angekommen ist. Falls Sie mit Ihrer EDV noch nicht soweit sind, gehen Sie den konventionellen Weg, und briefen Sie persönlich oder über Telefon und Telefax. Allerdings muß es sehr schnell gehen, das ist von allergrößter Bedeutung. Wenn Ihr Kunde jetzt anruft, fühlt er sich wohl, man kennt ihn, er ist wichtig. In ihm entsteht das Gefühl, daß bei Ihnen „die Rechte weiß, was die Linke tut". Und dies ist ein absoluter Mehr-Wert, mit dem Sie sich differenzieren und Ihre Mehr-Preise realisieren können.

Als ich im Außendienst bei dem weltgrößten Hersteller von chirurgischen Instrumenten tätig war, konnte ich dafür ein plastisches Beispiel erleben. Am Vormittag hatte ich ein sehr interessantes Gespräch mit einem Professor einer bedeutenden orthopädischen Klinik, der unsere Produkte noch nicht einsetzte. Er stellte mir während des Gesprächs eine anwendungstechnische Frage zu einem speziellen Instrument, das wir für ihn fertigen sollten, die ich ihm nicht direkt beantworten konnte. Ich versprach aber, daß er schnellstmöglich einen Rückruf von unserem Produktspezialisten dazu erhält. Direkt nach dem Gespräch mit dem Professor telefonierte ich mit dem Innendienst-Spezialisten und informierte ihn über den Sachverhalt. Dieser machte sich auch sofort kundig und rief nach nur drei Stunden den Professor zurück und gab ihm erschöpfende Auskunft.

Als ich das nächste Mal bei diesem Professor war, teilte er mir mit, daß wir ja wirklich mit Abstand die teuersten Hersteller am Markt seien. Aber die Professionalität, die wir beim Rückruf in der letzten Sache gezeigt hätten, sei überraschend gewesen. Der Mehr-Wert sei ihm bewußt geworden, jetzt wisse er auch, warum er bei uns mehr zahlen müßte als bei Wettbewerbern.

Die bezahlte Rechnung ist nicht der Schlußpunkt

Nehmen wir noch einmal das gesamte Feld des After-Sales-Service genauer unter die Lupe. Für viele Unternehmen hört das Interesse am Kunden meist dann auf, wenn die Ware ausgeliefert und die Rechnung bezahlt ist. Aber gerade zu diesem Zeitpunkt beginnt der Kunde, sich mit dem gelieferten Produkt zu beschäftigen, setzt es ein, erkennt Stärken und Schwächen im täglichen Alltag und braucht genau jetzt das gute Gefühl, die richtige Entscheidung getroffen zu haben. Dazu benötigt er einen Ansprechpartner, der ihm ständig zur Verfügung steht, wenn weitere Fragen auftauchen.

Bei einigen Unternehmen, für die ich tätig bin, haben wir sogar eine komplette Überwachung des Lebenszyklus eines Produkts installiert, die immer wieder dafür sorgt, daß der Kunde etwas vom Lieferunternehmen hört und sich somit bestens betreut fühlt. Ein weiterer Begleiteffekt dabei ist, daß immer wieder neue Aufträge erteilt werden, da der Lieferant ja immer „in der Nähe", also greifbar ist.

Viele Unternehmen haben von diesen tollen Konzepte in unzähligen Veranstaltungen immer wieder gehört. Aber prüfen Sie bitte einmal, wie oft sich Ihr Verkäufer nach Auslieferung des Fahrzeugs bei Ihnen gemeldet hat, sich nach Ihrer Zufriedenheit bzw. Begeisterung erkundigt hat und Ihnen weitere interessante Angebote gemacht hat.

Bei einem Unternehmen, das in der Glas-/Porzellan-/Keramikbranche tätig ist, haben wir sogar bei den Händlern ein System installiert, das Aufschluß darüber gibt, welcher Kunde wann welches Produkt gekauft hat. Jetzt kann der Kunde aktiv nachbetreut werden, und vor allen Dingen erhält er nicht den Einheitsbrei der Werbung, sondern speziell auf ihn maßgeschneiderte Mailings und Informationen zugeschickt.

Service und Vertrieb ziehen am selben Strang und am selben Ende

Bedenken Sie bitte, daß auch der gesamte Kundendienstbereich zum After-Sales-Service gehört und der regelmäßige Informationsaustausch zwischen Vertriebs- und Servicemitarbeitern dringend erforderlich ist. Als ich für einen Hersteller von Laborgeräten den Auftrag hatte, seine Kundendienstmitarbeiter zu schulen, reiste ich zwei Tage mit Technikern mit. Die Differenzen zwischen den Technikern und den Vertriebsleuten waren riesengroß. Die Kunden merken so etwas natürlich sofort und sind wegen der fehlenden Mehr-Werte nicht gewillt, einen Mehr-Preis zu zahlen.

Wir besuchten ein großes Labor, in dem eine neue Anlage des Herstellers seit einem Monat in Betrieb war. Der Kundendiensttechniker ging auf das Gerät zu und fragte als erstes: „Wer hat Ihnen dieses Ding verkauft?" Leicht irritiert stellte der Laborleiter die Gegenfrage: „Warum?" „Wissen Sie", meinte der Techniker, „das ist noch ein Analoggerät der alten Generation, aber die mußten ja irgendwie auch noch an den Mann gebracht werden. Der einzige Vorteil bei dieser Technik ist, daß sie einigermaßen funktioniert. Bei der neuen Digitalgeräte-Generation haben wir ja nur noch Tonausfälle." Bingo, 100 Punkte. Was meinen Sie, was jetzt im Kopf dieses Kunden vor sich geht, wie stark er es bereut, diese Anlage gekauft zu haben, wie pedantisch er ab sofort alle Servicerechnungen begutachtet und wie gering die Chance ist, daß er von diesem Unternehmen überhaupt noch etwas kauft?

Wenn er sich wirklich noch einmal dazu durchringen kann, dort etwas zu bestellen, dann überlegen wir einmal, wie diese Preisgespräch aussehen wird ...

Achten Sie deshalb bitte immer darauf, sich mit Ihren Kollegen abzustimmen, um dem Kunden gegenüber eine einheitliche Sprache zu sprechen. Auch das ist ein Mehr-Wert, den wir bieten sollten.

Unerwartete Extras erfreuen doppelt

Natürlich sind unsere Kunden heute durch die Bank wesentlich anspruchsvoller, als dies früher der Fall war. Sicher verfügen sie über mehr und bessere Informationen und sind aufgeklärter, aber genau da steckt doch die große Chance: zu zeigen, daß wir noch viel besser sind, als sie es sich jemals vorgestellt haben.

Ich glaube, daß gerade der gesamte After-Sales-Service-Bereich noch riesige ungenutzte Möglichkeiten bietet, unseren Kunden zu zeigen, welche Mehr-Werte wir bieten. Viele Kunden wünschen sich oftmals diese besonderen Anstrengungen, erhalten sie leider aber zu selten. Gehen Sie jetzt daran, und zeigen Sie in solchen Kleinigkeiten, daß Sie Vollprofis sind, überraschen Sie Ihre Kunden ständig aufs neue.

> Verblüffen Sie Ihre Kunden immer wieder aufs neue mit positiven Überraschungen.

Chris Turner, der Boß von Xerox Business Services, sagt dazu: „Unsere Strategie besteht letztlich darin, eine Organisation von 15000 effektiv arbeitenden Geschäftsleuten zu schaffen, in der jeder die Zukunft mitplant, jeder eine positive Überraschung für den Kunden parat hat und jeder seine Ergebnisse selbst plant." Bauen Sie Ihre persönliche „Ich-GmbH". Sie sind der Boß Ihrer „Ich-GmbH", die es in der Hand hat, die Kunden positiv zu überraschen, selbst wenn Sie derzeit Ihr Gehalt zufällig von einer anderen Gesellschaft erhalten.

Werden Sie die phantasievollste und eindrucksvollste Mehr-Wert-GmbH, die es jemals gab. Sie haben es in der Hand, tun Sie es. Sie wissen ja, nicht das Erzählte reicht, sondern nur das Erreichte zählt.

Mehr-Werte in der Reklamation

Haben Sie sich schon einmal vor Augen geführt, welch großer finanzieller Aufwand mit der Neuakquisition eines Kunden verbunden ist? Da werden unzählige Besuche getätigt, der Kunde in das Werk eingeladen, es werden Muster, Prospekte und Angebote verschickt und vieles weitere mehr. Eines Tages fruchten diese Anstrengungen und der Kunde kauft zum ersten Mal. Aus der einmaligen Bestellung wird eine regelmäßige Geschäftsbeziehung, bis irgendwann durch einen unglücklichen Zufall eine Reklamation des Kunden ansteht. Wie gehen wir jetzt damit um? Spürt der Kunde, daß wir auch hier greifbare Mehr-Werte bieten und ihn mit seinem Anliegen Mehr-Wert-orientiert behandeln ?

Denken Sie doch bitte einfach einmal darüber nach, welche Erfahrungen Sie selbst als reklamierender Kunde gemacht haben. Hatten Sie den Eindruck, daß man Ihnen gerne hilft, Sie ernst nimmt und versucht, die unangenehme Sache schnell und unbürokratisch aus der Welt zu schaffen – oder war es vielleicht genau umgekehrt?

Ein reklamierender Kunde ist das Beste, was uns passieren kann. Viel schlimmer wäre es doch, wenn er seine Reklamation nicht vorbringt und einfach bei einem anderen Anbieter einkauft, oder? Und der größte anzunehmende Unfall wäre es, wenn er überall erzählte, daß bei Ihnen etwas nicht gestimmt hat und es zu einer Reklamation kam.

Dann macht er Negativpropaganda, und das ist so ziemlich das Schlimmste, was Ihnen passieren kann. Deshalb möchte ich Ihnen gerne nachfolgend einige Tips und Impulse für die Mehr-Wert-orientierte Reklamationsbehandlung geben.

Grundsatz 1

Unterstellen Sie bitte Ihren Kunden grundsätzlich lautere Absichten bei einer eingehenden Reklamation. Die Mehrzahl Ihrer Kunden ist ehrlich und reklamiert nur dann, wenn etwas wirklich nicht paßt (siehe Kapitel 2.3 Begeisterung für unsere Kunden entwickeln). Natürlich gibt es immer einige wenige Kunden, die ungerechtfertigte Reklamationen vorbringen. Wollen Sie jetzt wirklich alle ehrlichen Kunden bestrafen, nur wegen der paar unehrlichen? Vor allem werden durch eine prinzipiell negative Meinung gegenüber reklamierenden Kunden diese bald alle unbewußt so behandelt, als wären sie unehrlich. Es entwickelt sich ein grundsätzliches Mißtrauen. Ihr Kunde spürt dies und reagiert dementsprechend darauf.

Grundsatz 2

Lassen Sie Ihren Kunden beim Reklamieren ausreden. Er muß seinem Unmut Luft machen können. Das gehört zur Psychohygiene, die Sie Ihrem Kunden bieten müssen. Erst dann, wenn er so richtig „Dampf abgelassen" hat, dürfen wir etwas zur Sache sagen. Ich weiß sehr wohl, wie schwer das ist, vor allem dann, wenn man die ganze Sache nicht selbst zu verantworten hat, sondern der Fehler an anderer Stelle in Ihrem Unternehmen passiert ist. Wenn Sie Ihren Gesprächspartner zu früh unterbrechen und durch Rechtfertigungsversuche Gegendruck aufbauen, wird die ganze Sache noch viel schlimmer, als sie es ohnehin schon ist.

Grundsatz 3

Wenn Ihr Kunde seinen Gefühlen Luft gemacht hat, dann schieben Sie bitte die Schuld nicht sofort weiter, frei nach dem Motto: „Dafür kann ich aber schon mal gar nichts, erzählen Sie das alles mal unseren Mitarbeitern im Versand, denn die haben das zu verantworten." Eine beliebte und im wahrsten Sinne des Wortes „reizende" Aussage ist auch: „Das ist das erste Mal, daß ich so etwas höre, wir haben absolut keine Probleme mit dieser Anlage." Sie sagen damit indirekt, daß Ihr Kunde wahrscheinlich nicht in der Lage ist, mit dem Produkt richtig umzugehen, Sie unterstellen ihm Unfähigkeit. Noch so ein Anti-Mehr-Wert-Spruch: „Das kann ich mir jetzt aber gar nicht vorstellen." Hier zweifeln Sie regelrecht an dem Wahrheitsgehalt der Aussage Ihres Kunden. Solche Reaktionen helfen Ihrem Kunden nicht weiter, sie bieten ihm noch nicht einmal ansatzweise einen Mehr-Wert. Besser formulieren Sie z.B. so: „Das tut mir wirklich leid, daß das ausgerechnet bei Ihnen passiert ist. Sie brauchen jetzt sicher schnelle Abhilfe." Fragen Sie noch einmal konkret nach, welcher Schaden wirklich entstanden ist und was der Kunde von Ihnen erwartet.

Grundsatz 4

Sagen Sie ihm, daß Sie den Sachverhalt notieren. Damit hat der Kunde die Gewißheit, daß sein Anliegen nicht nur irgendwo in einem Kopf „herumschwirrt", sondern auch festgehalten wird. Holen Sie umfassende Auskünfte ein, wo und wie das Ganze passiert ist, welcher Schaden entstanden ist, usw. Geben Sie ihm eine konkrete Auskunft, bis wann er wieder von Ihrer Firma hört, und denken Sie dabei an das Motto: „Weniger versprechen – mehr halten." Einem Kunden, der vormittags reklamiert, könnten Sie z.B. versprechen, daß er spätestens bis zum nächsten Tag etwas von Ihnen hört, und ihn dann sogar noch am gleichen Tag nachmittags anrufen. Dadurch entsteht für ihn ein greifbarer Mehr-Wert. Er sieht, daß Sie die Sache sehr ernst nehmen und sich wirklich „dahinter klemmen", um das Problem aus der Welt zu schaffen.

Und hier noch ein Hinweis: die ganze Sache bitte nicht weiter delegieren! Sie haben die Reklamation vielleicht nicht verursacht, aber Sie haben sie angenommen, und damit ist es auch Ihre Aufgabe, sie wieder aus der Welt zu schaffen – nicht die irgendeiner Reklamationsabteilung. Allein schon bei dem Wort Reklamationsabteilung entsteht bei Ihrem Kunden der Eindruck, bei Ihrem Unternehmen gibt es so viele Reklamationen, daß Sie dafür eine eigene Abteilung brauchen.

Grundsatz 5

Schnelligkeit bei der Reklamation ist ein absoluter Mehr-Wert. Überraschen Sie Ihren Kunden durch unerwartetes Tempo. Als Faustregel gilt: Innerhalb von 24 Stunden muß der Kunde zumindest einen Zwischenbescheid erhalten. Sicher können viele Dinge nicht innerhalb von 24 Stunden gelöst werden, aber eine vorläufige Nachricht per Telefon oder Telefax sollte doch möglich sein. Versetzen Sie sich in die Lage des Kunden: Es gibt nichts Schlimmeres als Tage, vielleicht sogar Wochen des Wartens, in denen er nicht weiß, was mit seiner Reklamation geschieht. Bei ihm entsteht unweigerlich der Eindruck, sein Anliegen sei vergessen.

Grundsatz 6

Regulieren Sie den aufgetretenen Schaden großzügig und kulant. Schaffen Sie auch hier für Ihren Kunden einen bleibenden Mehr-Wert. Denken Sie dabei nicht nur an den tatsächlichen Schaden, sondern honorieren Sie auch den Ärger, den Zeitaufwand, die Telefonate und die damit verbundenen Kosten, die er mit der Sache hatte. Beachten Sie: Es ist wesentlich teurer, einen neuen Kunden zu gewinnen, als einen bestehenden zu behalten. Hier ist Kleinlichkeit wirklich fehl am Platz. Gehen Sie davon aus, daß ein Kunde, der so vorbildlich behandelt wurde, ein Multiplikator für Sie ist. Er wird anderen von seiner Reklamation und dem unerwartet positiven Ergebnis erzählen.

Grundsatz 7

Führen Sie eine Statistik darüber, welche Fehler bei welchen Produkten und bei welchen Kunden wie oft auftauchen. Vielleicht entdecken Sie eine Korrelation von mehreren Faktoren und können so zukünftig ähnliche Probleme rechtzeitig an „der Wurzel" packen und gleich ausmerzen. Dies erspart dann vielen Kunden und natürlich auch Ihnen eine Menge Ärger – und außerdem Sie sind wieder einen kleinen Schritt weitergekommen auf dem Wege der Mehr-Wert-Strategie.

Grundsatz 8

Wenn die Reklamation komplett abgeschlossen ist, melden Sie sich circa zwei Wochen danach noch einmal bei Ihrem Kunden und stellen ihm drei Fragen:

- Ist die Sache jetzt wirklich zu seiner absoluten Zufriedenheit erledigt?
- Hätten wir irgend etwas noch besser machen können?
- Können wir unsere Geschäftsbeziehung jetzt wieder unbelastet fortführen?

Warum sind diese drei Fragen so wichtig? Zum einen, weil Sie dadurch zeigen, daß Sie auch weiterhin Interesse an diesem Kunden haben und den Begriff After-Sales-Service mit Leben erfüllen. Vielleicht gibt es wirklich noch etwas, was hätte besser laufen können. Zum anderen, weil der Kunde eine moralische Verpflichtung Ihnen gegenüber eingegangen ist, wenn er alle drei Fragen mit „Ja" beantwortet hat. Ihm fällt es jetzt nämlich wesentlich schwerer, zu einem späteren Zeitpunkt aus der alten Reklamation Profit zu schlagen und z.B. Druck auszuüben, wenn es um Preise geht.

Reklamationen sind Chancen, Ihren Kunden zu zeigen, daß Sie und Ihr Unternehmen echte Mehr-Werte bieten und es somit auch verdient haben, Mehr-Preise zu erhalten. Gehen Sie mit diesem Mehr-Wert-Potential bewußt und großzügig um. Der amerikanische Textilversandhandel Lands' End, den ich bereits an anderer Stelle zitiert habe, hat aus der hervorragenden Reklamationsbehandlung ohne Wenn und Aber ein absolutes Alleinstellungsmerkmal für sich gemacht.

Der Kunde erhält das Versprechen, daß er alles, was er dort gekauft hat, sogar ohne Angabe von Gründen zurücksenden kann. Er erhält sein Geld prompt und problemlos zurückerstattet. Diese Garantie vermittelt dem Kunden das hervorragende Gefühl, er könne ja gar nichts falsch machen, weil er diese ständige Rücknahmegarantie hat. Inwieweit er wirklich davon Gebrauch macht, sei dahingestellt. Das gute Gefühl des Kunden ist der entscheidende Mehr-Wert.

Wenn Sie in Ihr Fahrzeug steigen und auf Ihr Steuerrad schauen, sehen Sie wahrscheinlich den Schriftzug Airbag, stimmt's? Dieser Schriftzug vermittelt Ihnen ein gutes Gefühl, er bietet Ihnen einen greifbaren Mehr-Wert. Haben Sie jemals mit dem Schraubendreher oder dem Messer geprüft, ob sich hinter dieser Schrift wirklich ein Airbag befindet?

Vermutlich nicht, oder? Ihnen reicht der Schriftzug, um ein gutes Gefühl zu haben. Sie möchten diesen Airbag zwar niemals sehen, sind aber breit, dafür etwas mehr zu investieren als für ein Fahrzeug ohne diese Sicherheitsausstattung.

Schaffen Sie in jeder Phase des Kundenkontaktes dieses gute Gefühl. Es ist ein greifbarer Mehr-Wert, den man Ihnen auch gerne durch einen angemessenen Mehr-Preis honoriert.

Checkliste

- Wieviel versprechen Sie Ihren Kunden, und wieviel halten sie davon ein?

  _____

  _____

- Was tun Sie persönlich, um mehr zu leisten, als Ihre Kunden erwarten?

  _____

  _____

- Was tun Sie persönlich, um Ihre Kunden nicht nur zufriedenzustellen, sondern zu begeistern?

  _____

  _____

- Wie schnell sind Ihre Reaktionen auf Kundenwünsche (Prospekte, Muster etc.)?

  _____

  _____

- Stellen Sie durch Schnelligkeit Ihre Professionalität immer wieder unter Beweis?

  _____

  _____

- Wie übertreffen Sie den Erwartungshorizont Ihrer Kunden ständig aufs neue?

  _____

  _____

Checkliste *(Fortsetzung)*

- Setzen Sie Ihre Verkaufs- und Überzeugungshilfen strategisch richtig ein?

- Zeigen Sie durch sogenannte „Kleinigkeiten" Ihre 100prozentige Zuverlässigkeit?

- Setzen Sie all die besprochenen Instrumente ein, um die Loyalität Ihrer Kunden zu gewinnen?

- Wie gehen Sie am Telefon mit Ihren Kunden um?

- Wie schnell und umfassend erfolgt der Informationsaustausch über Kunden zwischen Innen- und Außendienst?

- Wer fühlt sich wirklich zuständig für den Kunden?

- Wie professionell sind Ihre After-Sales-Maßnahmen?

> **Checkliste** *(Fortsetzung)*
>
> - Wie gut ist die Zusammenarbeit zwischen Technikern, die den Kunden besuchen, und dem Innen- und Außendienst?
>
> - Existiert eine einheitliche Datenbank mit allen Informationen über den Kunden, auf die jeder am Prozeß Beteiligte zugreifen kann?
>
> - Verblüffen Sie Ihre Kunden immer wieder positiv?

3.7 Mehr-Werte zielgruppengerecht transportieren

Es war an einem Samstag vormittag. Ich stand im Autohaus und wartete auf den Verkäufer, der mir die versprochenen Prospekte holte. Gegenüber stand ein teurer Kombi in einer wunderschönen Grünmetallic-Lackierung mit Leichtmetallfelgen, Breitreifen, einer tollen Dachreling und einer hervorragenden Innenausstattung. Um das Auto herum standen der Verkäufer und eine junge Frau, die sich offenkundig sehr stark für den Wagen interessierte.

Ich trat etwas näher und betrachtete mir den Wagen jetzt auch etwas genauer. Ich hörte, wie der Verkäufer pausenlos redete und ständig von den Besonderheiten des Fahrzeugs sprach. Er ging zum Kofferraum, lobte die niedrige Ladekante und das hohe Ladevolumen. Er zeigte die überaus praktische Gepäckraumabdeckung mit dem herausziehbaren Gepäckgitter. Dann bewegte er sich in Richtung Motorhaube, öffnete diese, zeigte, wie aufgeräumt der Motorraum ist und bemerkte, daß hier ein außerordentlich kräftiges Herz mit einem maximalen Drehmoment von 310 Nm bei gerade mal 1900 U/min schlage. Die Aufmerksamkeit der jungen Dame ließ offensichtlich nach, sie schaute sich um, blickte mit einem kurzem Lächeln zu mir, schaute auf ihre Uhr und wirkte recht unkonzentriert, während der Verkäufer gerade über die faszinierenden Elastizitätswerte sprach. Doch siehe da, jetzt merkte der Verkäufer auch, daß etwas nicht stimmte, und hielt inne.

Die junge Frau bat ihn um Prospekte und eine Preisliste. Während er diese holte, kam sie etwas näher und meinte zu mir: „Schon ein schöner Wagen, bloß halt auch ganz schön teuer, wissen Sie, ich brauche gar keinen Kombi, aber ich finde, er sieht viel besser aus als diese langweilige Limousinenform!"

Ich fragte sie, ob sie den Wagen denn beruflich nutzen würde, was sie verneinte: „Ich habe eine Modeboutique in der Altstadt und fahre nur von zu Hause zur Altstadtparkgarage und wieder zurück, vielleicht am Wochenende mal zu meinen Eltern, aber mehr als 400 Kilometer im Monat sind das nicht. Mein Golf ist jetzt sechs Jahre alt und hat gerade mal 39 000 Kilometer, der läßt sich aber so schwer fahren, weil er keine Servolenkung hat, und der Lack sieht auch nicht mehr schön aus!"

Plötzlich kamen beide Verkäufer zurück und hatten die gewünschten Prospekte. Wir nahmen diese in Empfang, ich bedankte mich, verabschiedete mich bei dem Verkäufer und mit einem kurzen „Tschüs" auch bei der netten jungen Dame.

Die ABC-Logik im Verkaufsgespräch

Beim Nachdenken wurde mir klar, daß in dem Gespräch des Verkäufers mit der jungen Dame keine reflektierende Argumentation stattgefunden hatte. Offenkundig wurden hier Vorteile und Nutzen schlicht und ergreifend durcheinandergewürfelt. Die Argumentation konnte ja auch gar nicht reflektierend sein, da der Verkäufer gar nichts von seiner Gesprächspartnerin wußte. Er fragte auch nicht, um ihre Situation zu analysieren, sondern zählte einfach alle Vorteile seines Produkts auf. Welche Botschaft können wir hieraus gewinnen? Ganz einfach: Achten Sie beim Aufbau Ihres Verkaufsgesprächs immer auf die von Erich-Norbert Detroy entwickelte ABC-Logik

- *A*nalyse des rationalen Bedarfs und der emotionalen Bedürfnisse, dann daraus abgeleitet die
- *B*eratung, reflektierend auf Bedarf und Bedürfnisse, um dann zu
- *C*hecken, ob alles angekommen ist und verstanden wurde.

Händler im Mehr-Wert-Test

Für einen der weltweit größten Reifenhersteller tätigten wir vor einiger Zeit Testkäufe in verschiedenen Regionen Deutschlands. Grund dafür waren die Klagen der Händler, daß sie die höheren Preise dieses Herstellers nicht durchsetzen könnten. Wir nahmen durch unsere Mystery-Shopping-Aktion die Händler punktuell unter die Lupe und prüften, welche Mehr-Werte geboten wurden. Das Ergebnis sehen Sie in der nachfolgenden Tabelle:

Händlergruppen 1 bis 11, jeweils 10 Händler	1	2	3	4	5	6	7	8	9	10	11	Schnitt nach Faktoren
Empfang/ Begrüßung/ Ansprache	3	3	3	4	2	3	3	3	3	3	4	3,1
Allgemeines Ambiente	3	2	4	4	3	4	3	2	2	3	5	3,2
Wartezeit bis Erstansprache	2	1	3	3	1	4	3	2	2	2	2	2,3
Wie erfolgt Ansprache	4	3	3	4	3	3	3	4	4	3	6	3,6
Bedarfsanalyse	6	3	5	6	5	6	4	5	6	3	6	5,0
VK geht mit an das Fahrzeug	6	6	6	6	6	6	6	6	6	6	6	6,0

Händlergruppen 1 bis 11, jeweils 10 Händler	1	2	3	4	5	6	7	8	9	10	11	Schnitt nach Faktoren
VK erfragt Fahrverhalten	6	6	6	6	6	6	6	6	6	6	6	6,0
VK erfragt Fahrweise	6	6	6	6	6	6	6	6	6	6	6	6,0
VK fragt nach Erfahrungen mit bisherigen Reifen	6	6	6	6	6	6	6	6	6	3	6	5,7
Reflektierende Argumentation	6	4	6	6	6	6	6	6	6	6	6	5,8
VK hat erkannt, was ich wünsche	6	5	6	6	6	6	6	6	6	6	6	5,9
VK stellt Wünsche in den Mittelpunkt	6	6	6	6	6	6	6	6	6	6	6	6,0
VK argumentiert fachlich verständlich	6	3	6	6	6	4	3	6	5	6	5	5,1
Preisnennung und Verhandlung	4	3	4	5	4	3	4	4	4	4	4	3,9
Preis überzeugend genannt	5	3	5	5	4	4	4	3	4	4	3	4,0
Preis wurde erklärt	5	4	5	5	5	4	3	4	5	4	6	4,6
Preisnachlaß gegeben	6	6	6	6	6	6	6	6	6	6	6	6,0
Zusatzdienste	6	3	6	6	6	3	6	6	6	6	3	5,2
Wuchten/Feinwuchten angeboten	4	3	4	6	3	4	3	6	3	5	6	4,3
LM-Felgen angeboten	6	5	6	6	6	6	3	6	6	6	6	5,6
Einlagerung Winterreifen angeboten	6	4	6	6	6	6	6	6	6	5	6	5,7
Sonstige Angebote	6	6	6	6	6	6	6	6	6	6	6	6,0
Schnitt nach Händlergruppen	5,2	4	5,2	5,5	5	5	4,7	5	5	4,7	5,3	

Pro Händlergruppe wurden jeweils zehn Händler, also insgesamt 110 besucht. Wir kamen mit einem Fahrzeug, das von Sommer- auf Winterbereifung umgestellt werden sollte. Alle Besuche erfolgten nicht zu „Stoßzeiten" und auch nicht nach dem ersten Schneefall, denn dies hätte die Ergebnisse angreifbar gemacht.

Sie sehen, daß die einfachsten Dinge, zum Beispiel ob der Verkäufer mit an das Fahrzeug geht, das Fahrverhalten erfragt usw., bei keinem der Händler erfüllt wurde. Also keine Mehr-Werte, die geboten wurden. Die Faktoren Zusatzdienste und sonstige Leistungen sind ebenso defizitär.

Mal ehrlich, würden Sie für diese miserablen Leistungen gewillt sein, auch nur einen Pfennig mehr zu zahlen, oder würden Sie dann auch nur nach dem Preis einkaufen? Ich weiß es, und Sie wissen es auch, daß dies keine Einzelfälle sind, sondern daß das echte Interesse am Kunden sehr zu wünschen übrigläßt.

Als Konsequenz aus diesem Desaster wurde ein Trainings- und Implementierungsprogramm für die Händler erstellt, um ihnen zu helfen, bessere Preise zu erzielen. Die Händler, die daran teilnahmen und auch die Umsetzung (mit Coaching vor Ort) konsequent durchführten, konnten wesentlich bessere Preise durchsetzen als zuvor.

Sie eigneten sich sehr schnell die Fähigkeiten an, den Bedarf des Kunden auf seine echten Bedürfnisse hin zu überprüfen und eine reflektierende Mehr-Wert-Argumentationskette mit individuellen Nutzenmerkmalen, die im Produkt und im Servicebereich zu finden sind, aufzubauen.

Und genau das ist doch die eigentliche Aufgabe im Verkauf. Prospekte können immer nur die verschiedenen Produktvorteile nacheinander aufreihen. Der Verkäufer kann sich auf seinen Kunden einstellen und aus allen Vorteilen des Produkts den speziellen Nutzen für den Kunden herausfiltern und ihm diesen präsentieren. Der Verkäufer kann seinem Kunden helfen, Wert-Schätzung für das Produkt zu entwickeln.

> Verkaufen heißt: dem Kunden helfen, Wertschätzung für das Produkt zu entwickeln.

Differenzieren zwischen Vorteil und Nutzen

An dieser Stelle noch einmal eine „Eselsbrücke", um sich den Unterschied zwischen Vorteil und Nutzen besser merken zu können:

- V*or*teil = *o*bjektiv gesehen
- N*u*tzen = s*u*bjektiv gesehen

Oder etwas anders formuliert:

> Der Köder muß immer dem Fisch schmecken, nicht dem Angler!

Schon das Wort Vor-teil zeigt uns ja, daß es sich um einen Aspekt handelt, der im Verhältnis zu einem Wettbewerbsprodukt hervorsticht oder sich ab-hebt. Beim Nutzen geht es darum, ob dieser Vorteil mir auch wirklich nützt bzw. ob ich ihn nutze. Gehen wir noch einmal gedanklich zurück zu unserem Autobeispiel. Sie sehen nachfolgend die Vorteile noch einmal aufgelistet. Welche dieser Vorteile im Falle der jungen Dame enthalten auch einen echten Nutzen für sie?

1. großzügiges Ladevolumen
2. Metallic-Lackierung – serienmäßig
3. Zurrgurte für schweres Gepäck im Kofferraum
4. Gepäckraumabdeckung serienmäßig
5. extrem sparsames Dieseltriebwerk
6. Servolenkung serienmäßig
7. Zentralverriegelung serienmäßig
8. getönte Scheiben
9. elektrische Fensterheber
10. fünfte Kopfstütze serienmäßig
11. integriertes Kindersitzsystem
12. automatischer Niveaulift

155

13. Alarmanlage serienmäßig
14. Klimaautomatik serienmäßig
15. Navigationssystem eingebaut
16. Funk-Fernbedienung der Zentralverriegelung

Wir erkennen an der obigen Liste relativ schnell, daß die Punkte 1, 3, 5, 10, 11, 12 und 15 für die junge Dame mit hoher Wahrscheinlichkeit völlig uninteressant sind.

Das Ladevolumen benötigt sie nicht, ihr kommt es mehr auf die bessere Optik des Kombis an. Die Zurrgurte sind beim Transport von einigen Kleidern nicht erforderlich, das extrem sparsame Dieseltriebwerk rechnet sich bei einer Laufleistung von gerade 400 Kilometern im Monat absolut nicht, im Gegenteil: Hier ist die Steuer wesentlich höher als bei einem Fahrzeug mit Benzinmotor und Katalysator, die fünfte Kopfstütze ist genauso uninteressant wie der serienmäßige Kindersitz und der Niveaulift. Das Navigationssystem ist bei der geringen Fahrleistung, die ja ohnehin nur auf vertrauten Wegen stattfindet, ebenso überflüssig.

Begeistern werden die junge Dame als designorientierte Boutiqueinhaberin aber die tolle Metallic-Lackierung, die elegante Gepäckraumabdeckung, die leichtgängige Servolenkung usw.

Die Perspektive des Kunden annehmen

Welche Botschaft vermittelt uns diese Geschichte? Dringen Sie in die Welt Ihrer Kunden ein, und reden Sie bitte nicht von den tollen Dingen, die *Sie* an dem Produkt faszinieren, sondern stellen Sie die Kundenwünsche in den Mittelpunkt. Denken Sie dabei bitte daran, daß der Mensch, aus Ihrer Perspektive gesehen, völlig verrückte Erwartungen und Wünsche an ein Produkt hat, und diese gilt es herauszustellen und zu befriedigen.

Ein nettes Erlebnis dazu hatte ich bei einem der größten deutschen Fertighaushersteller. Einer der Top-Verkäufer ging mit einem sehr interessierten Paar durch das Musterhaus und zeigte den beiden jeden Winkel. Der Mann fragte plötzlich nach dem Dachboden; der

Verkäufer öffnete die Deckenluke und holte die ausziehbare Leiter heraus. Einladend deutete er auf die Leiter und sagte: „Bitteschön." Die Begleiterin drehte sich brüskiert um und meinte: „Da werde ich niemals hinaufklettern." Der Mann und der Verkäufer gingen jedoch beide nach oben und sahen sich den Dachboden, in dem man einigermaßen stehen konnte, gemeinsam an. Ich folgte den beiden und hörte den Interessenten sagen: „Toll, endlich ein Raum, in dem ich ungestört bin, hier kann ich meine Eisenbahn aufbauen, alles stehen und liegen lassen und tun, was ich will, da sie ja niemals hier hochkommen wird." Übrigens: Die beiden haben das Haus gekauft und wurden glücklich darin.

Denken Sie bei der Übermittlung Ihrer Produktvorteile immer aus der Perspektive des Kunden, und münzen Sie dann den Vorteil in einen entsprechenden Nutzen um. Der eine findet, daß das Handy viel zu groß sei, der nächste freut sich über die gute Bedienbarkeit, gerade weil das Gerät etwas größer ist. Der eine findet den Wagen viel zu hart gefedert und hat Angst um seine Bandscheiben, der andere ist begeistert von dem direkten Kontakt zur Straße. Einer meint, das Grundstück sei viel zu klein, es sei kein Platz für Garten und Rasen, der nächste freut sich, daß er von der lästigen Gartenarbeit und dem Rasenmähen verschont bleibt.

Mit gezielten Fragen Wünsche aufspüren

Ich glaube, das ist der ganz besondere Reiz beim Verkaufen: möglichst schnell herauszufinden, was der Kunde wirklich erwartet, und ihm diese Erwartung dann im Produkt schmackhaft zu machen. Wenn Sie das nicht schaffen, wird Ihr Kunde sich und seine Anforderungen nicht wiederfinden. Das sagt er Ihnen aber nicht klipp und klar, sondern greift zu seiner Standardwaffe: „Zu teuer." Schaffen Sie es, ihm das gute Gefühl zu vermitteln, daß dieses Produkt oder die Dienstleistung genau seine Wünsche und Anforderungen erfüllt, vielleicht sogar übertrifft, dann haben Sie wiederum gute Chancen, einen etwas höheren Preis durchzusetzen. Die Hotelkette „Ritz-

Carlton", eine der bedeutendsten Hotelketten weltweit, hat in ihrer Unternehmensphilosophie folgenden Satz verankert:

> Das Ritz-Carlton regt die Sinne an, vermittelt Wohlbehagen und erfüllt selbst unausgesprochene Kundenwünsche und -bedürfnisse.

Können Sie sich vorstellen, mit Ihren Produkten und Dienstleistungen „die Sinne Ihrer Kunden anzuregen" oder „selbst die unausgesprochenen Wünsche zu erfüllen"?

Natürlich brauchen wir dazu eine gehörige Portion emotionaler Intelligenz, das heißt, wir müssen es verstehen, uns in die Köpfe unserer Kunden zu denken, auf subtile Art und Weise unseren Kunden die richtigen Fragen zu stellen, die richtigen Schlüsse daraus zu ziehen und das Ganze dann in die richtige Argumentation einzupacken.

Einige der besten „Startfragen", die Sie im Verkauf stellen können, um die Erwartungen Ihrer Kunden schnell herauszufinden, sind folgende:

- Welche Anforderungen stellen Sie an Ihr neues ...?
- Welche Erwartungen haben Sie an ein ...?
- Wie handhaben Sie bisher ...?
- Was soll Ihr neues ... alles können?
- Wo wollen Sie Ihr neues ... überall einsetzen?
- Wie oft wollen Sie Ihr neues ... einsetzen?
- Wie wurden Sie aufmerksam auf das neue ...?

Aus den Antworten, die Sie auf einige dieser Fragen erhalten, können Sie eine saubere und logische Nutzenargumentation ableiten, die Ihren Kunden nicht nur zufriedenstellen, sondern begeistern wird.

Einer Kundengruppe gerecht werden

Gehen wir in diesem Thema einen Schritt weiter. Viele von Ihnen verkaufen wahrscheinlich komplizierte Produkte an Unternehmen, in denen es nicht nur einen Entscheider, sondern mehrere Personen gibt, die mitreden wollen. Wir sprechen hier von komplexen Geschäften. Bei zwei Entscheidern, zum Beispiel einem Ehepaar, ist es ja manchmal schon nicht einfach, die Anforderungen beider „unter einen Hut zu bringen". Jetzt können wir uns Gedanken darüber machen, welche riesige Herausforderung auf uns wartet, wenn wir in richtig komplexe Strukturen hinein verkaufen. Auf diesem Weg stehen unvorstellbar viele „Fettnäpfchen", die es frühzeitig zu erkennen und strategisch zu umgehen gilt. Diese diplomatische Kunst kann sehr viel Freude bereiten und vor allen Dingen: Je öfter Sie dies erfolgreich tun, desto professioneller werden Sie dabei.

Sehen wir uns als Beispiel ein größeres Unternehmen im produzierenden Bereich in der Elektrobranche an. Angenommen, dieses Unternehmen baut Steuerungsanlagen für Hochregallager in aller Welt. Vermutlich treffen Sie in diesem Unternehmen neben der Einkaufsabteilung auf folgende für Sie relevante Abteilungen mit den nachfolgend vermerkten Anforderungen:

Abteilung des Kunden	Mögliche Anforderungen an das verkaufende Unternehmen
Verkauf	• Referenzen bereitstellen • Prospektmaterial bereitstellem • Gemeinsame Besuche beim Kunden
Technisches Planungsbüro	• Katalog auf CD-ROM verfügbar • Produktbeschreibungen und technische Zeichnungen auf Datenträger verfügbar

Arbeitsvorbereitung	• Hilfe bei speziellen Berechnungen • Analyse der einzelnen Arbeitsschritte • Vorgabezeiten aus Erfahrungswerten • Anwendungsberatung
Kalkulation	• Elektronische Preisliste verfügbar • Alternativangebote erarbeiten
Einkauf	• Software, um Ihre Artikelnummern auf seine zu transformieren • Übereinstimmung der Reihenfolge der Produkte auf Lieferschein und Rechnung • Problemlose Möglichkeit zum Umtausch • Konsignationslager beim Kunden
Lager	• Hilfestellung bei Lagereinrichtung • Optimierung der Transportwege
Produktion	• Anwendungstechniker in der ersten Zeit vor Ort
Montageabteilung	• Technische Zeichnungen werden bereitgestellt • Technische Berater bei Erstmontage mit anwesend
Forschung und Entwicklung	• Einladung in ein Zukunftsforum • Regelmäßiger Gedankenaustausch zu Projekten
Hausmeisterdienste	• Wenig Verpackung • Leichte Entsorgung der Verpackung • Verpackungsrücknahme-Service

Versetzen wir uns einmal in die Situation der Mitarbeiter dieser Abteilungen beim Kunden, und betrachten wir unsere Produktvorteile aus der „Nutzenbrille" der jeweiligen Personen.

Sehr schnell können wir erkennen, daß es um viel mehr geht, als nur beim Einkauf einen Preis zu nennen und dann zu warten, ob der Zuschlag erfolgt oder nicht. Hier muß ein Beziehungsnetz allererster Güte aufgebaut werden, und jeder der Beteiligten muß erkennen, warum es für ihn von Nutzen ist, wenn Ihr Produkt eingesetzt wird.

Selbst wenn ein Einkäufer nur auf den Preis schielt, besteht doch die Möglichkeit, über dieses Netz Fürsprecher oder, etwas emotionaler ausgedrückt, „Fackelträger" für uns und unser Produkt aufzubauen. Aber bitte nie gegen den Einkäufer, sondern immer mit ihm zusammen.

Alle Anwender berücksichtigen

Sehr gut erinnere ich mich an einen Kunden, für den wir in Unfallkliniken die Präsentation eines neuen innovativen Hilfsmittels für innere Verletzungen durchführten. Dieses Produkt war wirklich revolutionär und sehr hochpreisig. Wir analysierten im Vorfeld, wer mit diesem Produkt in Berührung kommt, versetzten uns in die Situation dieser Personen und stellten dann eine Matrix auf, aus der alle Nutzen für die jeweiligen Personen abzulesen waren. Das Ganze sah ungefähr so aus:

Zielperson	Nutzen
Chefarzt	• Absolute Sicherheit/Produkt erprobt • Studien als Nachweis für Bewährung
Oberarzt	• Leichtes Handling bei Operation • Schnelle Bereitstellung gewährleistet

OP-Schwester	• Bequeme Verpackung • Automatischer Bestellservice
Apotheker	• Lagerung ohne Kühlung möglich • Lange Haltbarkeit
Verwaltungsdirektor	• Schnellere, komplikationsfreie Heilung und dadurch geringere Aufenthaltszeit des Patienten • Durch hervorragende Heilungserfolge Verbesserung des Images der Klinik
Hausdienste	• Schnelle Bereitstellung • Leichter Transport

Das Produkt wurde auch eingeführt und war in allen Schwerpunktkliniken verfügbar. Die Einführungsstrategie sah so aus, daß das Produkt in der Klinik lagerte und bei intraoperativem Bedarf eingesetzt wurde. Die Berechnung erfolgte dann später bei der Nachbestellung. Im Prinzip handelte es sich um eine Art Konsignationslager.

Die ersten Produkte wurden mit ausgezeichneten Ergebnissen verwendet, dann folgte allerdings eine absolute Flaute. Keiner setzte das Produkt mehr ein, keine Nachbestellungen erfolgten, absolute Funkstille. Wir standen vor einem Rätsel. Die Ergebnisse waren exzellent, die Operateure waren begeistert, der Verwaltungsdirektor strahlte, der Apotheker war glücklich, nur zwei Gruppen in dieser Kette äußerten sich sehr zurückhaltend: die OP-Schwestern und die Hausdienste. Hier spürten wir eine gewisse Reserviertheit gegenüber dem Produkt.

Nach einiger Zeit der Ratlosigkeit baten die Apotheker um ein Gespräch. Der Tenor dabei war, daß das Produkt viel zuwenig eingesetzt würde und im übrigen auch viel zu teuer sei. Wir verwiesen auf die tollen Ergebnisse beim Ersteinsatz und zogen wirklich alle Register der Argumentationskunst.

Trotzdem baten die Apotheker darum, das Produkt zurückzunehmen, sie wollten uns auslisten. Jetzt wurde es allmählich kritisch, denn unsere gesamten Ziele und Planungen standen auf der Kippe.

Also gingen wir noch einmal alle Personen durch, die Berührung mit dem Produkt hatten, und vergegenwärtigten uns deren Interessen. Da ich selbst OP-Mitarbeiterinnen und -Mitarbeiter auch privat kennengelernt hatte, wußte ich, daß diese oft sehr viel Wert auf Umweltschutz und Öko-Themen legen. Ich brachte deshalb das Thema der Verpackung in die Diskussion ein.

Wir analysierten die Verpackung und stellten fest, daß eine fünffache Hülle aus fast ausschließlich schwer entsorgbaren Materialien verwendet wurde. Eine innere Kunststoffverpackung, eine weitere Kunststoff-Aluminium-Folie, eine Lage Luftpolstermaterial aus Kunststoff, eine Lage reine Aluminiumfolie und eine Umverpackung aus Hartplastik.

Wir konzipierten nun für zehn Testkliniken eine neue Verpakkung, die zum großen Teil aus Recylingmaterial bestand und auf der wir auch deutlich auf diese Neuerung hinwiesen. Siehe da, plötzlich wurde das Produkt vermehrt eingesetzt, der Apotheker nahm die Auslistung zurück, und der hohe Preis war auch keine Thema mehr.

Was war geschehen? Die OP-Schwestern und die Hausdienste regten sich insgeheim über die aufwendige Verpackung auf und setzten deshalb das Produkt nicht mehr ein. Sie boykottierten das Produkt regelrecht mit der Argumentation, es sei für diesen hohen Preis zu umständlich, zu schlecht im Handling usw. Vom offiziellen Status her glaubt man kaum, daß diese beiden Personengruppen in der Lage wären, so etwas durchzuführen. Der inoffizielle Status jedoch verschafft ihnen relativ viel Macht und ermöglicht somit eine starke Mitbestimmung, welche Produkte eingesetzt werden und welche nicht.

Wie ist das bei Ihren Produkten? Kennen Sie wirklich alle Personen, die damit in Berührung kommen, auch wenn der Kontakt mit dem Produkt nur peripher ist? Haben Sie an alles gedacht, was diese Personen von Ihrem Produkt erwarten könnten? Haben Sie sich in die Lage des Hausmeisters, versetzt, der ständig den Verpackungsmüll Ihrer Produkte entsorgt? Berücksichtigen Sie den Sachbearbeiter, der sich immer fürchterlich ärgert, weil die Reihenfolge der Artikelnummern auf den Lieferscheinen nicht mit der auf der Rechnung übereinstimmt, was eine mühselige Suche nach sich zieht? Kennen Sie die Situation der Anwender, wenn diese eine Reklamation vorbringen möchten? Werden sie erst mit einem Sprachcomputer verbunden und enden dann in der endlos langen Warteschlange, bis ein „Operator" frei wird?

Denken Sie bitte immer an unsere „Entenbrust-Story". Sie wissen seit diesem Beispiel, daß Menschen oft aus falsch verstandener Höflichkeit oder Feigheit nicht wirklich das sagen, was sie ärgert oder was sie meinen, sondern sich gerne hinter sicheren Vorwänden verschanzen. Und einer der aus Sicht des Kunden vermeintlich ganz sicheren Vorwände ist nun einmal das „zu teuer".

Bauen Sie jetzt Ihre eigene Matrix auf. Auf der einen Seite tragen Sie alle Personen ein, die mit Ihrem Produkt auf irgendeine Art und Weise in Kontakt kommen, und dahinter listen Sie die von Ihnen analysierten Wünsche und Anforderungen dieser Personen auf.

Natürlich ist das viel harte Arbeit. Doch es lohnt sich für Sie und Ihr Ziel, bessere Preise am Markt durchzusetzen. Viele Verkäufer sagen mir nach den Trainings, daß das alles sehr wichtig, aber halt nicht einfach wäre. Meine Antwort darauf:

> Wenn es einfach wäre, könnte es jeder. Sie sind nicht jeder, Sie sind die Mehr-Wert-Experten Ihres Unternehmens.

Checkliste

- Wie oft reden Sie nur über die Dinge, die Ihnen an den Produkten gefallen, den Kunden aber gar nicht interessieren?

  _____

  _____

- Was lösen Sie dadurch bei Ihren Gesprächspartnern aus?

  _____

  _____

Checkliste *(Fortsetzung)*

- Wie oft setzen Sie die ABC-Logik des reflektierenden Verkaufens ein?

  _____

  _____

- Was tun Sie, um Ihre Kunden wirklich richtig zu verstehen, um dann auch die richtigen Argumente parat zu haben?

  _____

  _____

- Wie stark helfen Sie Ihren Kunden, Wertschätzung für Ihre Produkte zu entwickeln?

  _____

  _____

- Wie zeigen Sie, daß Sie den Unterschied zwischen Vorteilen und Nutzen erkannt haben?

  _____

  _____

- Wie stark und wie tief dringen Sie in die Anforderungswelt Ihrer Gesprächspartner ein?

  _____

  _____

- Wie stark regen Sie die Sinne Ihrer Kunden mit Ihren Produkten oder Dienstleistungen an?

  _____

  _____

Checkliste *(Fortsetzung)*

- Wie holen Sie im komplexen Projektgeschäft alle Beteiligten mit „ins Boot"?

  _____
  _____

- Wie bauen Sie sich Ihre „Fackelträger" beim Kunden auf?

  _____
  _____

- Wie erkennen Sie Hindernisse im Verkauf von hochpreisigen Produkten, und wie umschiffen Sie diese geschickt?

  _____
  _____

- Wie erkennen Sie, ob der Preis als Vorwand für einen ganz anderen, meist subjektiv empfundenen Mangel genannt wird?

  _____
  _____

- Wie oft denken Sie an alle Beteiligten beim Kunden, die mit Ihren Produkten auf irgendeine Art und Weise Kontakt haben?

  _____
  _____

- Wie kristallisieren Sie die einzelnen Argumente für all diese Personen heraus?

  _____
  _____

Checkliste *(Fortsetzung)*

- Wann erstellen Sie Ihre Nutzenmatrix?

  _____

  _____

4. Die Ausschöpfung des Prozeßoptimierungspotentials

4.1 Der Verkaufsprozeß im Wandel der Zeit

In unserem Lande hatten wir zwei Kriege, die ziemlich kurz hintereinander wüteten und die Märkte absolut leer fegten. Danach wurde nicht verkauft, sondern es wurde verteilt. Die Nachfrage war wesentlich größer als das verfügbare Angebot. Unternehmen produzierten rund um die Uhr, und trotzdem war es immer noch zuwenig, um diese enorme Nachfrage zu befriedigen.

Zu gut kann ich mich noch an die Zeit erinnern, als die Mittelklasse von Mercedes bis zu fünf Jahren Lieferzeit hatte und die Verträge für schnell verfügbare Fahrzeuge – wohlgemerkt nicht die Fahrzeuge – mit guten Aufschlägen verkauft werden konnten. Rabatt war ein Fremdwort für Verkäufer.

Plötzlich passierte jedoch etwas, das alle Unternehmen und Verkäufer erheblich beunruhigte. Die Nachfrage ging zurück. Jeder hatte nun schon seinen Zweitwagen, den Zweitfernseher, die zweite Stereoanlage usw. Also griff man kurzerhand in die Zauberkiste des Verkaufens und kreierte das magische Wort „Nutzen". Dieser Begriff wurde überstrapaziert und trieb die tollsten Blüten. Da wurden phantastische „Produktnutzentransportsysteme" und viele weitere Verkaufstechniken und Systeme entwickelt.

Sehr gut kann ich mich noch an meine ersten Trainings, die ich als Verkäufer besuchen durfte, erinnern. Wir saßen stundenlang in Workshops zusammen und „paukten" immer wieder unsere Hauptnutzenargumente für die jeweiligen Produkte und wie wir diese transportieren. Einer der geflügelten Sätze, die mir bestens in Erinnerung geblieben sind, war: „Herr Kunde, das bedeutet für Sie ...", und dann wurde aufgezählt, was der Kunde denn alles von diesem tollen Produkt hat.

Solche Maßnahmen und Argumentationen waren zu dieser Zeit gut und wichtig, und ich möchte sie in keiner Weise in Frage stellen. Fraglich ist allerdings, ob es in der heutigen Zeit genügt, das Verkaufsgespräch nur auf Produkt-Nutzenargumenten aufzubauen.

Viele Produkte sind heute absolut austauschbar und weisen nur noch sehr feine, in vielen Fällen gar keine Unterschiede mehr auf. Was sollte den Kunden dazu bewegen, ausgerechnet bei Ihnen zu kaufen und noch dazu einen höheren Preis zu bezahlen?

Wenn ich an meine Zeit als Verkäufer in der Befestigungstechnik zurückdenke, dann erinnere ich mich gut daran, daß viele unserer Produkte nach DIN genormt waren. Ich konnte nun aber schlecht einem Kunden erklären, daß unsere Schrauben „DINiger" als die DIN seien und er deshalb bei mir zum höheren Preis kaufen solle. Zumindest hätte ich mir als Reaktion die Bandbreite von verständnislosen Blicken bis hin zu fliegenden Schmiedehämmern eingehandelt. Das konnte es also nicht sein.

Natürlich können wir unsere innere Preis-Solidarität, unsere Begeisterung und die emotional starken Beziehungen (Kapitel 1 bis 3) zum Einsatz bringen. Aber manchmal reicht das noch nicht, und es muß für den Kunden noch einige handfestere Gründe geben, ausgerechnet bei Ihnen und zu Ihrem Preis zu kaufen.

Da gibt es dann nur noch zwei Möglichkeiten: Entweder wir lassen uns wieder eine überzeugende Idee (wie Produkt-Nutzenargumentation) einfallen, oder wir verkaufen nur noch in einem brutalen Verdrängungswettbewerb über den Preis. Dazu fällt mir der schöne Ausspruch ein, den ich neulich in einer Buchhandlung entdeckte, die mit einem sehr preisaggressiven Anbieter vor Ort konfrontiert ist:

> Wer gar nichts mehr zu bieten hat, muß billig werden, damit er überhaupt noch etwas verkauft.

Betrachten wir die verschiedenen Phasen des Verkaufens noch einmal im Überblick:

Verkauf in seiner historischen Entwicklung: in der Nachkriegszeit:

- Absoluter Verkäufermarkt
- Verteilermentalität
- Lange Lieferzeiten
- Keine Rabatte
- Wenig Service

Verkauf in der Gegenwart:

- Echte Produktnutzenargumentation
- Pseudonutzenargumente
- Kundenzufriedenheitsgedanken
- Kürzere Lieferzeiten
- Preis als Hauptargument beim Kunden
- Verdrängungswettbewerb

Verkauf in der Zukunft:

- Noch mehr Verdrängung?
- Preiskrieg?
- Hauen und Stechen ?
- Satanische Verhandlungskunst?
- Keine Freude, da keine Gewinne?

Kann die weitere Entwicklung, so wie oben beschrieben, denn wirklich die Zukunft sein, oder anders gefragt: „Darf das die Zukunft sein?" Nein, es kann und darf nicht die Zukunft sein, und für Unternehmen, die jetzt „schnell schalten" und echte Mehr-Werte anbieten, wird es auch nicht die Zukunft sein.

Unverzichtbar:
Offenheit für Innovationen

Gerne erinnere ich mich an den Ausspruch von Jürgen Schrempp auf der Hauptversammlung der Daimler-Benz AG 1998, er sagte:

> Der beste und einzige Weg, die Zukunft vorherzusagen, ist, sie selbst zu bestimmen. Das ist unser Weg.

Das ist doch toll! Ein Konzern, der noch vor einigen Jahren die absolute Verteilermentalität hatte, danach von einem „Strategen" diversifiziert wurde, hat einen grundlegenden Wandel vollzogen und stellt sich der Zukunft durch zwei Hauptstrategien im operativen Bereich:

- Schnelligkeit in allen Prozessen bieten
- Absolute Orientierung an den Mehr-Werten für den Kunden

Betrachten wir diesen Veränderungsprozeß an einem Beispiel, das uns den gesamten Sachverhalt noch klarer macht. Stellen wir uns die einzelnen Phasen des Verkaufens wie die Stockwerke eines Parkhauses vor. Wenn das Parkhaus eröffnet wird, strömen alle in das erste Parkdeck und suchen sich dort einen Platz. Die ersten können noch recht bequem parken und nehmen vielleicht sogar zwei Stellplätze für ein Auto in Anspruch, da ja noch genug Raum vorhanden ist. Allmählich wird das Parkdeck immer voller, das Gedränge immer größer, es wird hektisch rangiert, und man trägt Kämpfe um die letzten Zentimeter aus. Selbst die Zufahrtswege und Sperrflächen sind schon verstellt.

Da kommt einer auf die Idee, daß das Parkhaus ja noch ein zweites Parkdeck haben könnte, und tastet sich mutig die Auffahrt hinauf. Er ist der Pfadfinder und bringt Licht in das Dunkel der zweiten Etage. Auch er kann sich jetzt wieder so richtig breitmachen und sich den besten Platz heraussuchen, doch nicht lange, denn kurz darauf kommen immer mehr Fahrzeuge und suchen sich einen Stellplatz. So geht diese Geschichte von Parkdeck zu Parkdeck immer weiter.

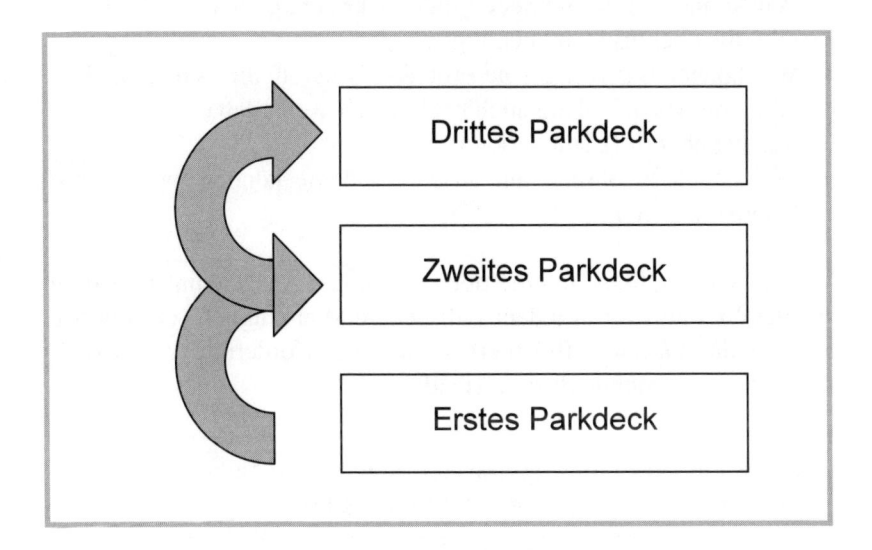

```
           ┌─────────────────────────┐
      ──►  │    Drittes Parkdeck     │
           └─────────────────────────┘
           ┌─────────────────────────┐
      ──►  │    Zweites Parkdeck     │
           └─────────────────────────┘
           ┌─────────────────────────┐
           │    Erstes Parkdeck      │
           └─────────────────────────┘
```

Sie haben die Parallele sicher sofort erkannt. Im Business gilt genau das gleiche Gesetz. Einige Unternehmen sind innovativ: Sie erkennen sehr schnell neue Chancen und haben den Mut, die Wege zu diesen Chancen zu beschreiten. Andere dagegen beharren auf dem, was sie schon immer gemacht haben, und wehren sich vehement gegen alles, was die alte Ordnung in Frage stellen könnte. Hier werden keine neuen Werte generiert, und der niedrige Preis wird bald das einzige Differenzierungsmerkmal sein. Wie lange das gut geht, kann sich jeder ausmalen. Eine der Strategien für ständig neue Mehr-Werte besteht darin, ununterbrochen auf der Suche zu sein, um durch Produktinnovationen und Services rund um die Produkte den Kunden Mehr-Werte zu bieten und somit auch Mehr-Preise am Markt durchzusetzen. Jetzt stellen sich folgende entscheidende Fragen:

Die Ausschöpfung des Prozeßoptimierungspotentials

- Wie können wir unsere Produkte für den Kunden noch spürbar verbessern?
- Wie können wir völlig neue Produkte kreieren, die es noch nicht gibt, die aber dringend benötigt werden?
- Wie können wir völlig neue Produkte kreieren, die es noch nicht gibt, von denen bislang auch noch keiner weiß, daß er sie benötigt, die aber trotzdem verkauft werden?
- Welche Services rund um unsere Produkte können wir unseren Kunden anbieten?

Welche Wege gibt es, um die oben genannten Ansätze mit Leben zu erfüllen? Es müssen in jedem Fall neue und anfänglich (denken Sie bitte an das Parkhaus-Beispiel) sogar Mut erfordernde Wege sein. Albert Einstein meinte dazu treffend:

> **Man kann Probleme nie mit der gleichen Denkweise lösen, wie sie entstanden sind.**

Sehen wir uns einige dieser neuen Wege an.

Checkliste

- Wie stark denken und handeln Sie und Ihr Unternehmen noch im Sinne der Verteilermentalität?

- Haben Sie wirklich noch echte Produktnutzen, oder sind Ihre Produkte mittlerweile vergleichbar mit denen der Wettbewerber geworden?

Checkliste *(Fortsetzung)*

- Wie stark argumentieren Sie, wenn Ihre Produkte vergleichbar sind, noch in Produktnutzenargumenten?
  _____
  _____

- Was tun Sie, um Ihre vergleichbaren Produkte aufzuwerten und dadurch bessere Preise zu erzielen?
  _____
  _____

- Wie stark nehmen Sie Ihre Zukunft selbst in die Hand?
  _____
  _____

- In welcher Etage des Parkhauses befinden Sie sich zur Zeit?
  _____
  _____

- Haben Sie den Mut, eine neue Etage zu ergründen und zu entdecken?
  _____
  _____

- Sind Sie bereit, die alte Ordnung komplett auf den Kopf zu stellen?
  _____
  _____

4.2 Die Prozesse rund um das Produkt analysieren

Wenn Ihre Produkte tatsächlich absolut austauschbar sind, Ihre Kunden die Produkte bestens kennen, Ihre Wettbewerber völlig identisch im gesamten Leistungsbild sind, dann könnte man meinen, daß nur noch der Preis darüber entscheidet, ob der Kunde kauft oder nicht, stimmt's?

Gerade deshalb gilt es, genau zu prüfen, wie wir die nächste Etage im Parkdeck erreichen, welche Veränderungen bei uns erforderlich sind und ob es notwendig ist, unser gesamtes bisheriges Verhalten in Frage zu stellen und gegebenenfalls radikale Veränderungen schnellstens einzuleiten. Die Zeit arbeitet gegen Sie, denn die Plätze im neuen Parkdeck sind wieder nur begrenzt. Und wenn Sie nicht als einer der ersten dort sind, wird es nach kurzer Zeit schon wieder recht eng.

Das Schlagwort für die jetzt not-wendige (also um die bestehende Not zu wenden) Veränderung heißt Prozeßoptimierung. Es ist sehr schnell erklärt, worum es dabei geht. Die Aufgabe besteht darin, alle Vorgänge und Tätigkeiten, die vor, während und nach dem Einsatz Ihrer Produkte entstehen, zu kennen, zu analysieren und aktiv Hilfestellungen anzubieten, die diesen gesamten Prozeß für den Kunden leichter, einfacher, transparenter, bequemer usw. gestalten. Wir betrachten praktisch statt des bisherigen schmalen Ausschnitts, der nur auf unsere Produkte und die Konditionen beschränkt war, die ganze Sache aus einer Art Weitwinkelperspektive. Bildhaft dargestellt, sieht die ganze Sache ungefähr so aus:

Die Prozesse rund um das Produkt analysieren

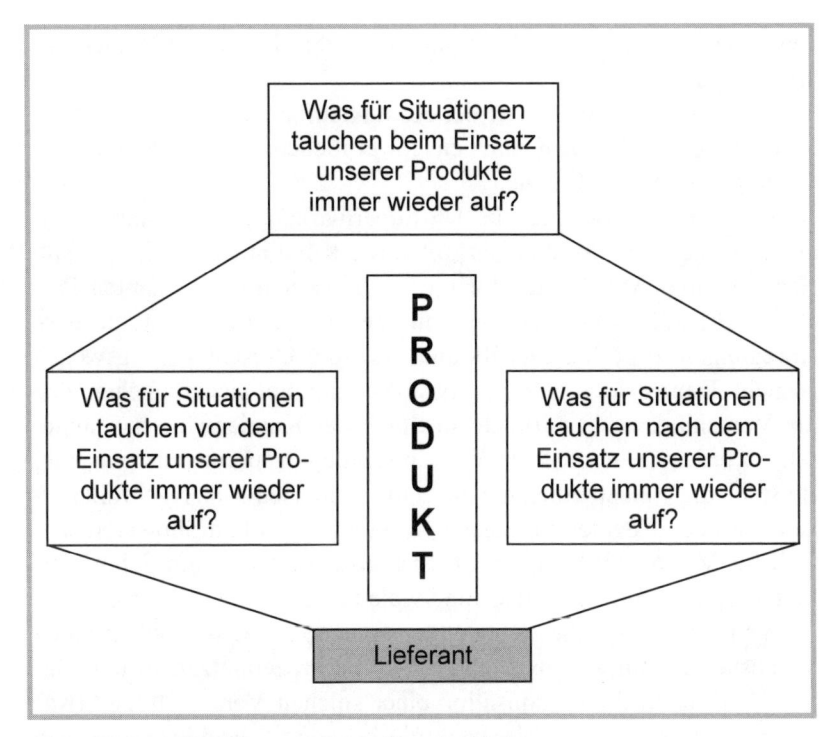

```
┌─────────────────────────────────────────────┐
│         ┌───────────────────────┐           │
│         │  Was für Situationen  │           │
│         │  tauchen beim Einsatz │           │
│         │    unserer Produkte   │           │
│         │   immer wieder auf?   │           │
│         └───────────────────────┘           │
│                    P                        │
│                    R                        │
│  ┌──────────────┐  O  ┌──────────────┐      │
│  │Was für Sit.  │  D  │Was für Sit.  │      │
│  │tauchen vor   │  U  │tauchen nach  │      │
│  │dem Einsatz   │  K  │dem Einsatz   │      │
│  │unserer Pro-  │  T  │unserer Pro-  │      │
│  │dukte immer   │     │dukte immer   │      │
│  │wieder auf?   │     │wieder auf?   │      │
│  └──────────────┘     └──────────────┘      │
│              ┌─────────────┐                │
│              │  Lieferant  │                │
│              └─────────────┘                │
└─────────────────────────────────────────────┘
```

Abb. 13: Das Situationsumfeld eines Produkts

Um diese Prozesse, in die unser Produkt eingebunden ist, zu durchleuchten, bedarf es natürlich absoluter Spezialisten, die auch in ihrer Denkweise über den Tellerrand hinausschauen und in der Lage sind, in Prozessen zu denken.

Den Rat der Kunden einholen

Ein relativ einfacher Weg, von Ihren Kunden zu erfahren, welche Prozesse optimiert werden müssen, sind regelmäßige Roundtables mit den Verarbeitern. Durch einen hausinternen Spezialisten oder einen externen Berater, der die Branche kennt, wird eine Veranstaltung im Stile eines Brainstorming moderiert. Hier können alle Anwesenden ihren Beitrag leisten, indem sie ihre Ideen und Vorschläge artikulieren.

In den USA ist diese Art der Kontaktaufnahme mit den Kunden schon längst nicht mehr auf den gewerblichen Bereich beschränkt, sondern geht bis ins Private.

So führt zum Beispiel die US-Supermarktkette Wal-Mart regelmäßig solche Veranstaltungen mit ihren Kundinnen durch und läßt sich Tips und Anregungen für die Verbesserung des gesamten Prozesses „Einkauf von Lebensmitteln" geben. Natürlich werden diese Anregungen sorgfältig geprüft, und es wird nach Realisierungswegen gesucht. Dann erfolgt eine Feedback-Sitzung, um sicherzugehen, daß die Vorschläge auch wirklich im Sinne der Kundenwünsche umgesetzt wurden. Auf diesem Weg entstanden Neuerungen, wie zum Beispiel die Selbstbedienung bei Obst und Gemüse, Nachfülltätigkeiten an den Regalen nur nachts, Kassenzonen ohne Süßwaren speziell für Mütter mit Kindern, überdachte Parkplätze zum Schutz vor Sonne, Regen und vor Schnee und viele tausend gute Ideen mehr.

Wann laden Sie Ihre Kunden zu einer tollen und motivierenden Veranstaltung ein, um zu erfahren, wo Sie Prozeßnutzen stiften können? Um Ihnen die Organisation einer solchen Veranstaltung etwas zu erleichtern, finden Sie nachfolgend eine Checkliste mit den Punkten, auf die Sie achten sollten:

- Wen wollen Sie zu einer solchen Veranstaltung einladen?
- Sollen nur die Top-Kunden kommen oder auch kleinere Kunden?
- Auf wessen Meinung legen Sie besonderen Wert?
- Wie soll eine solche Veranstaltung angekündigt werden?
- Wie wecken Sie Neugier, damit auch viele der Einladung folgen?
- Welches besondere Incentive könnte mit der Veranstaltung gekoppelt sein?
- Wo sollte die Veranstaltung stattfinden?
- Welcher Ort hat einen Bezug zu unseren Produkten?
- Wie erfolgt die Anreise der Kunden?

- Ist eventuell sogar eine Übernachtung mit eingeplant?
- Wer moderiert den Workshop?
- Wie wollen Sie die Teilnehmer zur Mitarbeit anregen?
- Wie sorgen Sie dafür, daß alle Anwesenden davon begeistert weiterberichten?
- Welches Rahmenprogramm sollten Sie bieten?
- Wie machen Sie aus dem Teilnehmerkreis einen VIP-Club?
- Welche Chancen bieten sich, einen Kundenbeirat zu etablieren?
- Wie werden die Teilnehmer über die Folgen des Workshops informiert?
- Wer ist für die Umsetzung der Ideen verantwortlich?
- Welche weiteren Privilegien erhalten die Teilnehmer?

Workshop für Mehr-Wert-Ideen

Für einen der größten deutschen Holzschutzmittelhersteller, der Sägewerke, Holzhandlungen und -verarbeiter als Kunden hat, führten wir solche Veranstaltungen mehrfach durch. Anfangs wurden nur die Top-Anwender eingeladen. Die Veranstaltung fand in einem Salzbergwerk statt, da hier ein direkter Bezug zu den Rohstoffen der Holzschutzmittel gegeben war.

Das Motto der Veranstaltung lautete: „Gemeinsamen Zielen auf den Grund gehen" – eine schöne Analogie zu dem Bergwerk. Treffen der 30 Teilnehmer war an einem Freitag um 11.00 Uhr im Schulungsraum der Bergwerksgesellschaft. Nach einer kurzen Begrüßung und Vorstellung des Programms kleideten sich alle um und besichtigten fast zwei Stunden lang das Bergwerk. Interessant daran war, daß es sich dabei nicht um ein Museum handelte, sondern um ein echtes Bergwerk, in dem zum Zeitpunkt der Besichtigung Förderbetrieb herrschte. Während des Durchgangs erfolgten immer wieder Hinweise auf die Weiterverarbeitung des Salzes zum Holzschutzmittel.

Alle Teilnehmer waren nach der Besichtigung regelrecht begeistert. Nach dem Mittagessen begann der Workshop. Ein professioneller Moderator erklärte kurz die Ziele. Dann wurde darüber diskutiert, was im gesamten Kunden-Lieferanten-Verhältnis verbessert werden könne.

Innerhalb von drei Stunden kamen unglaublich viele Ideen zusammen. Zum Schluß wurden die Ergebnisse verdichtet und präsentiert.

Dann erfolgte ein gemeinsames Erlebnis-Essen, dessen Mittelpunkt ein Salzkrustenlamm bildete. Gegen 23.00 Uhr wurde die Veranstaltung offiziell beendet, obwohl es einigen Teilnehmern so gut gefiel, daß sie noch nicht gehen wollten ...

Alle Teilnehmer äußerten sich sehr positiv zu dieser Veranstaltung, und 94 Prozent wünschten eine Fortsetzung dieses Dialogs, was auch geplant war. Die Ergebnisse des Workshops wurden ausgewertet und sofort in konkrete Projekte umgewandelt. 62 Prozent der Projekte wurden nach vier Wochen, natürlich wieder gemeinsam mit den Teilnehmern, in die Praxis umgesetzt und begeistert aufgenommen.

Die Kunden, die an diesen Workshops teilgenommen hatten, wurden natürlich auch, was die Umsatz- und Deckungsbeitragsentwicklung betrifft, unter die Lupe genommen. Es waren erstaunliche Zuwächse in beiden Bereichen festzustellen. Zum Abschluß noch die Gesamtinvestition einer solchen Veranstaltung, die sich auf zirka 1,5 Prozent des gesamten Marketingbudgets belief: Dieser Betrag verzinste sich für das Unternehmen mehrfach. Garantiert. Wann findet Ihr erstes Event dieser Art statt?

Oberste Regel: die Kundenmeinung ernst nehmen

Wenden wir uns jetzt als nächsten Schritt der Durchleuchtung der Kundenprozesse zu. Hier wird die Sache ein wenig komplexer und somit natürlich noch interessanter.

Grundlegend für die Gestaltung dieses Prozesses ist Offenheit gegenüber den Kunden. Reden Sie ganz frei über die Ziele, die Sie mit dieser Maßnahme verfolgen. Unsere Kunden wissen ohnehin, daß wir solche Dinge nicht durchführen, nur weil wir so gute Menschen sind und gerade zuviel Geld in der Kasse haben. Nein, wir wollen

Die Prozesse rund um das Produkt analysieren

noch bessere Geschäfte, gemeinsam mit unseren Kunden, machen. Und dazu spielen wir das Gewinner-Gewinner-Spiel, damit alle Beteiligten Freude daran haben.

Ich glaube, daß diese Offenheit den wichtigsten Erfolgsfaktor für solche Aktionen darstellt. Zu oft wurden Kunden immer wieder enttäuscht, oder sie durchschauten ähnliche Maßnahmen als simple Marketingtricks, die ihnen nichts einbrachten. Sie kennen bestimmt die in vielen Hotels ausgelegten Formulare „Ihre Meinung interessiert uns". Aber interessiert Ihre Meinung wirklich? Da ich pro Jahr ungefähr 160 Übernachtungen in Hotels habe, kenne ich diese Formulare bestens und füllte sie auch regelmäßig aus. Ich beschwere mich über einige Dinge, lobte aber auch das, was gut war. Von keinem der Hotels erhielt ich bislang ein Dankeschön oder zumindest eine Rückmeldung, daß man etwas geändert habe. Im Gegenteil, die Mißstände wurden nicht abgebaut, und jedesmal wenn ich dort wieder zu Gast bin, fallen mir diese unangenehmen Dinge nur noch mehr auf. Fazit: Ich fühle mich hinters Licht geführt und fülle diese albernen Zettel nicht mehr aus. Und so geht es wahrscheinlich vielen von uns, egal ob diese Anfragen von Hotels, Autoherstellern oder anderen Branchen kommen.

Wenn Sie beginnen, nach Prozeßnutzen bei Ihren Kunden zu suchen, stehen Ihnen die nachfolgenden Checklisten als „roter Faden" zur Verfügung. Sie sind aufgeteilt in die drei Phasen:

1. Bevor der Kunde die Produkte einsetzt
2. Während der Kunde die Produkte einsetzt
3. Nachdem der Kunde die Produkte eingesetzt hat

Checkliste zum Suchen von Prozeßoptimierungspotentialen
Bevor der Kunde die Produkte einsetzt
• Wer bestellt unsere Produkte?
• Wann werden unsere Produkte bestellt?
• Wie erfolgt die Bestellung unserer Produkte?
• Wo kann ich den Bestellprozeß für den Kunden vereinfachen?

Bevor der Kunde die Produkte einsetzt *(Fortsetzung)*
• Welche Möglichkeiten bestehen, die Bestellung elektronisch auszulösen?
• Welche Mindest- bzw. Sicherheitsmengen sind definiert?
• Welche Möglichkeiten gibt es, eine Abgleichsoftware zu den Artikelnummern des Kunden zu liefern?
• Welche Möglichkeiten bestehen, daß wir die Lagerhaltung für den Kunden übernehmen?
• Wo lagern unsere Produkte?
• Wie lang sind die Wege vom Lager zum Produktionsort?
• Was können wir tun, um diese Wege zu verkürzen?
• Wie ist das Lager versichert?
• Welche Risiken entstehen bei der Lagerung?
• Was können wir tun, um diese Risiken zu minimieren?
• Können wir ein Lagersystem zur Verfügung stellen?
• Kann der Nachfüllservice durch uns erfolgen?
• Stellen wir die Software zur Lagerverwaltung zur Verfügung?
• Was können wir tun, um die Lagerbestände beim Kunden zu verringern?
• Können wir die Preisauszeichnung für den Kunden übernehmen?
• Welche Hilfen bei der Angebotsabgabe können wir geben?
• Wie können wir unserem Kunden helfen, sich gegenüber seinen Wettbewerbern zu differenzieren?
• Welche Hilfen bei Ausschreibungen können wir geben (Ausschreibungstexte auf Disketten)?
• Können wir für unseren Kunden die Leistungsverzeichnisse erstellen?
• Stehen alle Verkaufsunterlagen dem Kunden auf Datenträgern zur Verfügung?
• Haben unsere Kunden für wichtige Daten eine Online-Verbindung zu uns?

Die Prozesse rund um das Produkt analysieren

Bevor der Kunde die Produkte einsetzt *(Fortsetzung)*
• Hat unser Kunde *einen* festen Ansprechpartner, der ihn wirklich gut kennt und dem er vertraut? • Besucht der Innendienst die Schlüsselkunden mindestens einmal pro Jahr? • Wie können wir den gesamten Auftragsgewinnungsprozeß unseres Kunden verbessern? • Bieten wir Fachschulungen zu den Produkten und deren Einsatz an? • Bieten wir Verkaufs- und Marketingseminare für unsere Kunden an? • Kennen wir die Kunden unseres Kunden und deren Bedürfnisse? • Helfen wir unserem Kunden bei der Argumentation gegenüber seinen Kunden? • Bieten wir unserem Kunden einen exklusiven Gebietsschutz? • Helfen wir unserem Kunden bei der Segmentierung seiner Kunden? • Hat unser Kunde Zugriff auf unsere Datenbanken bei Fertigungsfragen/Lagerbeständen etc.?
Während der Kunde die Produkte einsetzt
• Wo werden unsere Produkte eingesetzt? • Wer setzt unsere Produkte ein? • Wer hat während der Verarbeitung Kontakt mit den Produkten? • Welche Anforderungen stellen diese Personen im einzelnen? • Welche Schulungsmaßnahmen benötigen die Verarbeiter, und bieten wir diese an? • Ist ein technischer Berater/Spezialist von uns beim Ersteinsatz vor Ort? • Wie werden unsere Produkte verarbeitet? • Welche Zeitvorgaben existieren bei der Produktion? • Was könnten wir tun, um den Produktionsprozeß zu beschleunigen? • Wieviel Arbeitsgänge erfolgen noch per Hand?

Während der Kunde die Produkte einsetzt *(Fortsetzung)*
• Welche Optimierungsmöglichkeiten gäbe es hier? • Welche Spezialwerkzeuge könnten die Verarbeitung erleichtern? • Könnten wir diese Werkzeuge zur Verfügung stellen? • Verarbeitet der Kunde unsere Produkte selbst, oder vergibt er diese Tätigkeiten? • Wie könnten wir ihm bei der Suche nach geeigneten Subunternehmern helfen? • Wie sind die Anteile von Material zu Lohnkosten bei der Verarbeitung? • Wo bieten sich hier Optimierungsansätze? • Wie lange sind die Rüstzeiten? • Was könnten wir tun, um diese zu senken? • Könnten die Rüsttätigkeiten von Zeitarbeitsfirmen (Outsourcing) übernommen werden? • Werden alle Produkte auf einmal benötigt oder sukzessive? • Wie können wir unseren Liefermodus darauf abstimmen? • Wie lange laufen die Verarbeitungsmaschinen? • Was können wir tun, um die Laufzeiten zu verlängern? • Welche Verarbeitungsmaschinen können wir dem Kunden zur Verfügung stellen? • Ist es denkbar, daß wir selbst die Verarbeitung übernehmen? • Welche Tätigkeiten während der Verarbeitung können ausgelagert werden?
Nachdem der Kunde die Produkte eingesetzt hat
• Wie erfolgt der Transport der Fertigprodukte zum Endkunden? • Wer übernimmt den Service beim Endkunden? • Welche Möglichkeiten bieten sich, bei der Übergabe an den Endkunden dabeizusein? • Welche Schulungsmaßnahmen bieten wir im Servicebereich an? • Wer überwacht den Lebenszyklus des Produkts beim Endkunden?

Nachdem der Kunde die Produkte eingesetzt hat *(Fortsetzung)*
• Welche Möglichkeiten bestehen, daß wir die Wartung komplett übernehmen? • Wie können wir unserem Kunden helfen, Folgeaufträge von seinen Kunden zu erhalten? • Wer ruft den Endkunden an, um sich nach der Zufriedenheit zu erkundigen? • Welche Möglichkeiten bestehen, ein Frühwarnsystem bei erforderlichen Reparaturen zu installieren? • Wie können wir unserem Kunden beim Aufbau einer Datenbank über seine Kunden helfen? • Wer sorgt für Mailingaktionen zu den Endkunden? • Welche Zusatzgeschäfte können unsere Kunden mit den Endkunden tätigen? • Wie können wir unserem Kunden helfen, eine Empfehlerstrategie mit seinen Kunden aufzubauen? • Wer steht als Ansprechpartner bei Anwendungsproblemen des Endkunden zur Verfügung? • Gibt es eine kostenfreie Rufnummer bei unserem Kunden für eventuelle Reklamationen der Endkunden? • Ist ein Round-Table mit den Endkunden zum Ergründen ihrer weiteren Wünsche angedacht? • Wer organisiert und initiiert diesen Round-Table? • Führen wir ein Mannöverkritikgespräch, um zu erfahren wo unsere Optimierungspotentiale liegen?

Sie finden im Kapitel 4.4 noch weitere detaillierte Checklisten zum Thema Prozeßoptimierung in den Bereichen:

- Verkauf von der Industrie an den Handel
- Verkauf vom Handel an Endkunden
- Verkauf von der Industrie an das Handwerk
- Verkauf vom Handwerk an den Endkunden
- Verkauf vom Hersteller an Dienstleister

Möglichkeiten über Möglichkeiten, die sich hier bieten, um die Prozesse bei unseren Kunden zu optimieren.

Wir müssen prüfen, an welchen Problemen unsere Kunden gerade arbeiten, welche Situationen sich immer wieder vor, während, oder nach dem Einsatz unserer Produkte ergeben, und versuchen, diese mit unserem Know-how zu optimieren. Dazu fällt mir die schöne Definition des Begriffs Marketing von Prof. Bruno Tietz (Universität Saarbrücken) ein:

„Unter Marketing verstehe ich alle Maßnahmen, die es einem potentiellen Kunden leichter machen, sich für ein Unternehmen und dessen Produkte oder Dienstleistungen zu entscheiden."

Dieser Denkansatz zieht sich wie ein roter Faden durch das Thema der Prozeßoptimierung.

Aufgabengebiete neu definieren

Er zieht eine völlig neue Definition unserer Aufgabe nach sich: Plötzlich geht es nicht mehr darum, nur das beste Produkt zu liefern, sondern die beste Gesamtlösung anzubieten und dabei die meisten Handlungsalternativen als Werkzeuge zur Verfügung zu haben. Es werden auch ganz neue Definitionen des Aufgabengebietes auf Sie zukommen, hier einige Beispiele:

Frühere Bezeichnung	Neue Bezeichnung
Verkäufer	Erfolgsberater
Telefonverkäufer	Kommunikationsspezialist
Möbelverkäufer	Lifestyle-Berater
Hausverkäufer	Traum-Realisator
Autoverkäufer	Mobilitätsexperte

Eines ist klar: Durch diese neuen, etwas fremden und ungewohnten, ja vielleicht hochtrabenden Begriffe allein ändert sich natürlich rein gar nichts. Die Aufgabe besteht darin, den Weitwinkelblick aufzusetzen und diese Begriffe mit Leben zu erfüllen.

Die Prozesse rund um das Produkt analysieren

Prüfen Sie auf dem nachfolgenden Koordinatensystem, was Sie und Ihr Unternehmen als Summe aller Handlungsalternativen bieten und wo Ihre direkten Wettbewerber stehen.

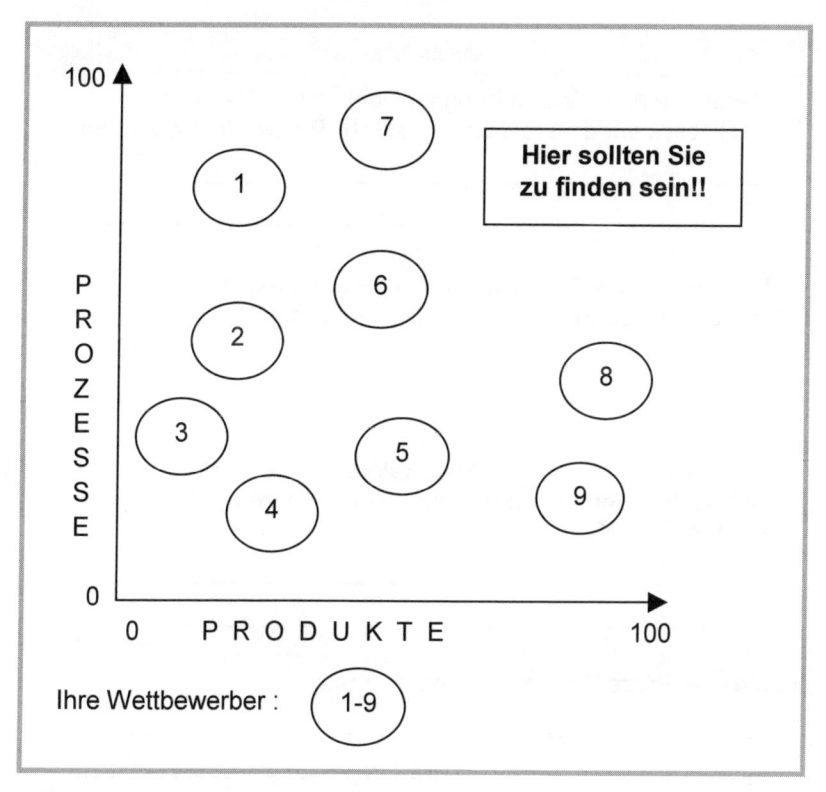

Abb. 14: Ihr Standort bei der Prozeßoptimierung

Wenn Ihr Platz bereits rechts oben ist, herzlichen Glückwunsch! Dann bieten Sie Ihrem Kunden die Summe aller Handlungsalternativen. Falls nicht, sollten Sie alles daransetzen, Ihren Beitrag zu leisten, um schnell dorthin zu kommen. Die Zeit arbeitet gegen Sie. Sie müssen in der Lage sein, schneller zu joggen als Ihre Wettbewerber.

Alles, was wir jetzt gemeinsam betrachtet haben, tangiert natürlich sehr stark die strategische Ausrichtung eines Unternehmens, an der der einzelne Verkäufer kurzfristig relativ wenig ändern kann.

Die Ausschöpfung des Prozeßoptimierungspotentials

Was Sie sofort in Ihrer täglichen Praxis alles ändern können, um dieser neue Verkäufertyp oder Erfolgsberater zu werden, lesen Sie im nächsten Kapitel.

Checkliste

- Halten Sie eine Veränderung im Denken und Handeln im Hinblick auf die Erzielung von Mehr-Preisen für notwendig?

  _____

  _____

- Inwieweit wollen Sie, falls Sie noch keinen akuten Handlungsbedarf haben, präventiv vorgehen?

  _____

  _____

- Wie oft setzen Sie das Weitwinkelobjektiv bei der Betrachtung Ihrer Produkte und der peripheren Prozessen ein?

  _____

  _____

- Welche Prozeßkenntnisse besitzen Sie?

  _____

  _____

- Wie wollen Sie diese weiter ausbauen?

  _____

  _____

- Wie oft führen Sie Roundtables mit Ihren Kunden durch?

  _____

  _____

Checkliste *(Fortsetzung)*

- Welche Möglichkeiten für Kundenveranstaltungen der „anderen Art" haben Sie bislang untersucht?

  _____
  _____

- Wie offen sind Sie zu Ihren Kunden, wenn es um die Prozeßorientierung geht?

  _____
  _____

- Wie stark setzen Sie statt auf Frontenbildung auf eine echte Partnerschaft mit Ihren Kunden?

  _____
  _____

- Wie oft fragen Sie Ihre Kunden, was Sie besser machen könnten?

  _____
  _____

- Welche Reaktionen erhalten Ihre Kunden auf ihre Verbesserungsvorschläge?

  _____
  _____

- Wie gut haben Sie die „Sprache" Ihres Kunden gelernt?

  _____
  _____

- Welche neue Definition für Ihre bisherige Tätigkeit gibt es?

  _____
  _____

> **Checkliste** *(Fortsetzung)*
>
> - Wie wollen Sie diese neue Definition mit Leben erfüllen?
>
>   _____
>
>   _____
>
> - Was tun Sie persönlich, um schneller zu joggen als Ihre Wettbewerber?
>
>   _____
>
>   _____

4.3 Die neue Denkweise mit Leben erfüllen

Um diese neue Denkweise mit Leben zu erfüllen, sollten Sie zunächst prüfen, was Sie bereit sind zu investieren. Denn investieren müssen Sie zu Beginn einer solch neuen Strategie immer. Nein, ich meine nicht finanziell, zum Beispiel in Form einer Franchisegebühr, sondern ich meine, was Sie bereit sind, an Ideen, Zeit, Disziplin und Geduld zu investieren. Eine Vorlaufphase, bis die ganze Sache greift und sich für Sie richtig auszahlt, brauchen Sie in jedem Fall.

Nehmen wir das Beispiel eines ehemaligen Autoverkäufers. Er war in diesem Beruf ganz gut und verkaufte auch recht ordentlich Autos. Allerdings war der Preisdruck derart groß, daß ihm keine andere Wahl blieb, über den Preis zu verkaufen. Viele Kunden kamen zu ihm mit dem Angebot eines Wettbewerbers in der Nähe und fragten ihn, ob er denn auf diese Summe auch einsteigen oder sie eventuell sogar noch unterbieten könne. Da er auf der anderen Seite auch einen gewissen Umsatzdruck im Nacken hatte, ging er oft auf die Preisforderungen seiner Kunden ein. Nicht nur ihm, sondern auch seinen Kollegen ging es so. All seine Ideen, um Mehr-Werte zu bieten, wurden von der betagten Geschäftsleitung abgelehnt mit dem Hinweis, daß man so etwas ja noch nie gemacht habe, auch ohne solche Maßnahmen groß geworden sei, und im übrigen würde das auch nur unnötig viel Geld kosten. Das Autohaus wurde nur noch künstlich am Leben gehalten, und zwar durch die Finanzierung der Gebrauchtwagenhalde durch den Hersteller und durch immer länger werdende Zahlungsziele für die Verbindlichkeiten an den Produzenten.

Es kam, wie es kommen mußte: Das gesamte Unternehmen war gezwungen, Konkurs anzumelden, der dann sogar mangels Masse abgelehnt wurde.

Jetzt stand mein Freund an einem Scheideweg. Sollte er bei einem anderen Autohändler das ganze Fiasko noch einmal durchleben, oder war jetzt die Stunde gekommen, Selbstbewußtsein zu zeigen und das Geschäft in die eigene Hand zu nehmen?

Die praktische Umsetzung

Er ging den mutigen Schritt und brachte seine Ideen der Marktbearbeitung bei einem anderen Autohaus ein, definierte seine Aufgabe von vornherein ganz anders und stellte ganz konkrete Bedingungen für sein neues Arbeitsverhältnis. Sein Motto lautete:

> Ich bin Ihr Mobilitätsexperte.
> Leistung muß sichtbar gemacht werden!

Wie hat er es dann geschafft, diesen Anspruch „Mobilitätsexperte" zu sein, mit Leben zu erfüllen? Ganz einfach, indem er das gesamte Thema „Mobilität einer Familie" mit dem Weitwinkelobjektiv bis ins Detail untersucht hat und in der Konsequenz eben nicht nur Autoverkäufer ist. Nachfolgend einige Details dazu, wie dieser Unternehmer im Sinne von „Er unternimmt etwas" sein Geschäft betreibt und dabei sehr viel Geld (wer solche Ideen hat, dem sei es auch gegönnt) verdient:

- Alle Fahrzeuge werden zum Kundendienst prinzipiell beim Kunden abgeholt und auch wieder zurückgebracht.

- Auf Wunsch erhält der Kunde ein Ersatzfahrzeug seiner Wahl (im Sommer ein tolles Cabrio, im Winter den neuen Allrad, falls Nachwuchs im „Führerscheinalter" im Hause ist, den neuen Kleinwagen) für die Dauer der Reparatur zur Verfügung gestellt.
- Alle Fahrzeuge der Familie, gleich ob beim Unternehmen gekauft oder nicht, werden mit diesem Werkstattservice betreut.
- Dieser Service bezieht sich nicht nur auf Reparaturen am Motor, sondern auch auf Karrosseriearbeiten, Reifenwechsel etc.
- Stück für Stück werden alle Versicherungen auf die neugegründete, hauseigene Versicherungsagentur umgeschrieben. Die Prämien sind besonders günstig, die Abwicklung im Schadensfall erfolgt über nur einen Ansprechpartner.
- Die Werkstatt ist auch am Wochenende bis 16.00 Uhr besetzt, dies kommt allen zugute, die unter der Woche mit dem Fahrzeug auswärts unterwegs sind.
- Er organisiert regelmäßige Kundenevents (Einladung zu Rennsportveranstaltungen, Cart-Turnieren, Besichtigung der Herstellerwerke etc.), um die emotionale Bindung der Kunden zu erhöhen.
- Jeder Kunde wird nach dem Werkstattaufenthalt nach seiner Zufriedenheit befragt und erhält für die Antworten ein Präsent.
- Seit Anfang 1998 werden auch Reisen angeboten, es existiert erstmals die Kombination Reisebüro und Autohaus, aber Reisen gehören nun mal zum Thema Mobilität. In diesem Reisebüro werden hauptsächlich Geschäfts-, aber auch Urlaubsreisen der Kunden geplant, organisiert, gebucht und abgewickelt.
- Jeder Kunde, der einen Neuwagen kauft, erhält ein intensives zweitägiges Fahrertraining beim Hersteller.

Ich könnte jetzt noch einmal 20 verschiedene Punkte, zugegebenermaßen vielleicht eher Kleinigkeiten, aufzählen, die dort anders gemacht werden. Was ist die Folge dieser Strategie? Erstens wurde er nach bereits einem Jahr Verkaufsleiter des Autohauses, nach einem weiteren Jahr hat man ihm die komplette Geschäftsführung übertragen, und seit kurzem setzt man diese Strategien unter seiner Leitung

Die neue Denkweise mit Leben erfüllen

in allen anderen Betrieben der Gruppe um. Weiterhin ergab sich folgendes:

- Sein Profit Center konnte dank der guten Deckungsbeiträge bereits im ersten Jahr des Bestehens „schwarze Zahlen" schreiben.
- Nach drei Jahren stehen im Durchschnitt bei jedem Kunden 1,7 Fahrzeuge, die vom Unternehmen geliefert wurden.
- Jeder der begeisterten Kunden hat in den letzten drei Jahren vier weitere Kunden gebracht.
- Die Ausgaben für klassische Media-Werbung sind gleich Null, dieses Geld wird anderweitig investiert.
- Der Bekanntheitsgrad des Autohauses stieg laut einer gestützten Umfrage im Umkreis von 50 Kilometern in den letzten drei Jahren um 22 Prozent.

Jetzt verstehen Sie sicher, was ich meine, wenn ich von Investitionen in die Zukunft rede. Natürlich mußten und müssen alle in diesem Unternehmen hart und viel arbeiten, aber die Ergebnisse sind auch dementsprechend, und dann macht der Einsatz viel Spaß, und nichts ist einem zuviel.

Erinnern Sie sich einmal, welche Erlebnisse Sie bei Ihrem letzten Autokauf hatten, und vergleichen Sie Ihre Erfahrungen mit dem obigen Bericht. Gibt es da einen Unterschied?

Checken Sie doch bitte an dieser Stelle, wie Sie Ihre bisherige Berufsbezeichnung umbenennen würden und welche großartigen und ausgezeichneten Leistungen Sie persönlich erbringen werden, um Ihre Mehr-Preise im Markt durchzusetzen. Erklären Sie Ihren Vorgesetzten mit einem sauber ausgearbeiteten Plan, was Sie vorhaben. Gehen Sie dabei bis ins Detail, und legen Sie auch gleich Ihr Budget zur Umsetzung fest. Wenn Sie dann die dafür benötigten Freiräume nicht ohne weiteres bewilligt bekommen, fordern Sie diese nachdrücklich mit überzeugenden Argumenten ein. Wenn Ihre Vorschläge auf taube Ohren treffen, suchen Sie sich eine andere Arbeitsstelle, wo Sie Unternehmer mit den entsprechenden Freiräumen sein können.

Mehr-Werte deutlich deklarieren

An dieser Stelle noch ein Hinweis. Weisen Sie bitte Ihre Kunden immer eindeutig auf die von Ihnen gebotenen Mehr-Werte hin. Meines Erachtens erbringen einige Verkäufer schon hervorragende Leistungen im Verkauf, die Kunden spüren diese auch, bedanken sich dafür und hören dann meist Floskeln wie zum Beispiel:

- „Selbstverständlich!"
- „Nicht der Rede wert!"
- „Aber gern geschehen!"
- „Ist schon in Ordnung!"

Wie soll der Kunde Wertschätzung für die gebotenen Leistungen entwickeln? Durch diese Formulierungen werfen wir das, was wir uns vorne aufgebaut haben, mit dem Hintern wieder um.

Wenn ein Kunde sich bei Ihnen für eine besondere Leistung bedankt, sollten Sie auch deutlich machen, daß genau dieses Extra der Grund dafür ist, warum Sie immer etwas höhere Preise als Ihre Wettbewerber haben. Jetzt ist das Eisen heiß und muß auch geschmiedet werden.

Wenn Sie das versäumen, dann wird bald alles, was Sie für Ihre Kunden tun, selbstverständlich genommen, und der Kunde kann überhaupt gar keine Wertschätzung mehr für die besonderen Mehr-Werte, die Sie bieten, empfinden. Im Gegenteil, dann gilt das Sprichwort: „Wem man den kleinen Finger gibt, der will bald die ganze Hand."

Halten Sie es doch mit Henry Ford, der zu diesem Thema gesagt hat:

> Leistung muß sichtbar gemacht werden!

Die neue Denkweise mit Leben erfüllen

Checkliste
• Was sind Sie bereit, in diese neue prozeßorientierte Denkweise zu investieren? _____ _____ • Haben Sie schon Ihr persönliches Weitwinkelobjektiv aufgeschraubt? _____ _____ • Welche Prozesse wollen Sie bei Ihren Kunden optimieren, um Mehr-Werte zu bieten und dann auch Mehr-Preise zu erzielen? _____ _____ • Wie oft reden Sie mit Ihren Kunden voller Selbstbewußtsein über die gebotenen Mehr-Werte? _____ _____ • Wie oft haben Sie Ihre besonderen Leistungen für den Kunden auch sichtbar gemacht? _____ _____

4.4 Praxisbeispiele für optimierte Prozesse

Sehen wir uns jetzt einige Beispiele von Unternehmen an, die es geschafft haben, durch absolute Konzentration auf die Suche nach Prozeßnutzen erfolgreicher zu sein als alle anderen in der Branche.

Kleinigkeiten mit großem Effekt

Beginnen wir bei dem größten deutschen Unternehmen im Bereich Befestigungstechnik. Seit Jahren wächst diese Firma mit einer unvorstellbaren Dynamik und setzt hervorragende Preise am Markt durch. Dies alles ist natürlich auf mehrere Faktoren zurückzuführen, hauptsächlich jedoch darauf, daß man hier über das Thema Prozeßorientierung schon vor 20 Jahren gründlich nachgedacht hat.

Man begann ganz einfach damit, daß man sich in die Lage der Handwerker hineinversetzte, die Arbeitsabläufe analysierte und sämtliche Optimierungspotentiale festhielt. Daraus ergaben sich Hunderte von Ansatzpunkten für wesentlich verbesserte und optimierte Produkte, für neue Dienstleistungen und Services, die rund um den Prozeß der Verarbeitung der Befestigungsteile angeboten wurden. Einige Beispiele hierzu:

- Damit die Zuordnung von Schrauben zu den entsprechenden Bits (Einsätze für den elektrischen Schrauber) immer stimmt, wurden sowohl die Bits als auch die Verpackungen der Schrauben mit einem Farbcode gekennzeichnet, um eine schnelle und fehlerfreie Zuordnung zu gewährleisten.
- Damit der Handwerker in seiner Werkstatt die Befestigungs- und Kleinteile zentral lagern kann, wurde ein eigenes, modular aufgebautes Regalsystem mit den Handwerkern gemeinsam entwickelt und zur Verfügung gestellt. Hier haben alle relevanten Befestigungsteile einen eigenen Schacht, der mit einem Icon gekennzeichnet ist, eine leichte Entnahme ermöglicht und immer

den Überblick über die wirklich erforderliche Lagermenge gewährleistet.
- Die Verpackungen sind besonders stabil und zusätzlich mit einem speziellen Verschluß versehen, der an den Baustellen die Entnahme und das Schließen einfach und sicher macht.
- Die Verpackungseinheiten sind bewußt sehr klein, oft in 100er-Schritten, gehalten, damit der Meister nur die wirklich benötigte Menge der Befestigungsteile mit zu den Baustellen geben muß.
- Für Großabnehmer in der Industrie werden Lagerungsanlagen für Schrauben und Kleinteile zur Verfügung gestellt. Diese Lagerungsanlagen sind mit einem Computer im Werk verbunden, sie melden unverzüglich die Unterschreitung eines gemeinsam mit dem Kunden definierten Mindestbestandes und lösen dann sofort eine Bestellung aus. Der Kunde hat also die Gewißheit, immer genügend Kleinteile für seine Produktion zu haben, und muß sich um dieses Thema nicht mehr kümmern.

Natürlich könnte ich diese Liste jetzt auf den nächsten 30 Seiten fortsetzen, aber darum geht es nicht. Das Prinzip und oftmals auch die geniale Einfachheit der Umsetzung sind das, was fasziniert und begeistert.

Hotel mit Wohlfühl-Service

Eines meiner Lieblingshotels hat sich ebenfalls das Thema Prozeßorientierung auf die Fahnen geschrieben und großartig mit Leben erfüllt. Wenn Sie dort ankommen und an der Tiefgarageneinfahrt klingeln, teilt man Ihnen mit, daß für Sie ein Parkplatz reserviert sei. Sie fahren in die Garage, und tatsächlich hängt über dem entsprechenden Parkplatz ein Schild mit der Aufschrift:

> Dieser Parkplatz ist
> vom 23.11.1998 bis zum 25.11.1998
> reserviert für Herrn Michael Müller

Kaum sind Sie dort angekommen, öffnet sich auch schon die Tür zum Hotel, und ein Page lädt die Koffer und Taschen aus dem Fahrzeug aus, um diese sofort auf das Zimmer zu bringen. An der Rezeption begrüßt man Sie mit Namen, das Nichtraucherzimmer zur stillen Parkseite ist reserviert, auf dem Bett liegt ein Bademantel mit Ihrem Namen eingestickt, sogar in der Schreibmappe befindet sich Briefpapier mit Ihrem Namen eingedruckt. Das gesamte Zimmer ist auf Ihr Sternzeichen abgestimmt, so finden Sie nicht nur auf den Bettüberzügen zum Beispiel ein Löwenmotiv, sondern auch die Bilder, Handtücher usw. sind damit versehen. Alle Beschäftigten im Service kennen Sie und sprechen Sie mit Namen an. Ein persönlicher Tagungsbetreuer steht Ihnen immer zur Verfügung. Auf jedem Zimmer ist ein normales fest installiertes Telefon mit einem abnehmbaren Mobilteil vorhanden, das bedeutet, Sie sind im ganzen Hotel unter Ihrer Zimmerrufnummer ständig erreichbar.

Wenn Sie dann nach zwei Tagen wieder abreisen und an der Rezeption auschecken, erhalten Sie für Ihre Reiseroute einen vom PC berechneten Ausdruck mit der aktuellen Stau- bzw. Verkehrssituation (was Freitag nachmittags recht wertvoll ist), die Windschutzscheibe Ihres Fahrzeuges ist geputzt, und auf Wunsch wurde das Auto sogar komplett gereinigt und gewartet. Es wurde erledigt, was auch immer Sie in Auftrag gegeben haben.

Hier geht es also um sehr viel mehr als nur um die Hotelübernachtung, hier wird dem Reisenden nicht nur ein Zimmer, sondern eine perfekte prozeßorientierte Gesamtleistung geboten. Das Hotel hat eine durchschnittliche Ausbuchung von über 90 Prozent, was in dieser Branche eine kleine Sensation darstellt. Übrigens, die Werbe- und Akquisitionskosten sind gleich Null.

Die gekonnte Umsetzung ruht auf einem ganz wichtigen Hauptpfeiler. Erstens erkennen alle den Gast als den eigentlichen Arbeitgeber an. Der „Umsatzwert" eines Gastes wird immer auf fünf Jahre hochgerechnet. Wenn Sie also einmal im Quartal dort für zwei Tage absteigen, also viermal pro Jahr, dann bedeutet dies, daß Sie ein 110 000 DM-Kunde sind. Wie das errechnet wird? Ganz einfach so:

Praxisbeispiele für optimierte Prozesse

Übernachtungspreis 200 DM x 2 Übernachtungen	= 400 DM
Verzehr und Sonstiges in dieser Zeit	= 100 DM
Gesamtumsatz pro Quartal	= 500 DM
Gesamtumsatz pro Jahr 500 DM x 4	= 2000 DM

Da Sie begeistert sind, kommen Sie mindestens die nächsten fünf Jahre immer wieder dorthin:

2000 DM x 5 = 10 000 DM

Sie empfehlen das Hotel pro Jahr mindestens zweimal an Freunde mit ähnlichen Übernachtungsgewohnheiten weiter, also:

5 Jahre x 2 Empfehlungen x 2000 DM/Jahr x 5 Jahre = 100 000 DM

+ dem, was Sie selbst in diesen 5 Jahren dort zahlen = 10 000 DM

So erbringen Sie den phantastischen Umsatz von 110 000 DM

Übrigens ist dieser Text in allen internen Personalbereichen immer wieder zu lesen: „Der Kunde, der uns einen Umsatz von 110 000 DM in den nächsten fünf Jahren bescheren wird, ist heute bei uns zu Gast und wird dementsprechend behandelt." Ein sehr erfolgreiches Möbelhaus geht einen ähnlichen Weg. Hier weiß man, daß ein Mensch im Lauf seines Lebens zirka 80 000 DM für Möbel ausgibt. Immer wenn eine dreiköpfige Familie dort auftaucht, wird sie behandelt, als ob sie für eine Viertel Million DM einkaufen würde – auch wenn es zu dem Zeitpunkt nur ein Regal für 99 DM ist.

Haben Sie und alle Ihre Kolleginnen und Kollegen Ihre Kunden auch einmal aus dieser Perspektive gesehen?

Sehen wir uns einige weitere Beispiele an, die in die verschiedenen Kunden-Lieferanten-Verhältnisse aufgeteilt wurden.

Die Ausschöpfung des Prozeßoptimierungspotentials

1. Ansätze zur Prozeßoptimierung im Verhältnis Industrie – Handel am Beispiel eines großen Reifenherstellers

Bevor Produkt eingesetzt wird
• Pull-Werbung in ausgewählten Medien durch den Hersteller
• Gemeinsame Mailingaktionen
• Intensive Schulung der Mitarbeiter am POS vor dem Umrüstgeschäft
• Gemeinsame Entwicklung einer Marketingstrategie für den Händler
• Finanzierung der Montagegeräte
• Bereitstellung von einheitlicher Kleidung für Monteure und Verkaufspersonal
• Betriebsablaufanalyse beim Händler
• Einkaufsverbund für Handelsware gegründet
• Know-how für Flotteninspektionen
• Gemeinsame Besuche bei Großkunden
• Innenarchitektonische Hilfe bei der Gestaltung der Verkaufsräume
• Bereitstellung von Lager und Organisationssoftware
Während Produkt eingesetzt wird
• Bereitstellung von zusätzlichen Montagegegeräten zur Abdeckung bei Nachfragespitzen
• Vermittlung von Leihmitarbeitern, um Nachfragespitzen abzudecken
• Einweisungsmonteure tageweise vor Ort
• 6-Stunden-Lieferservice in Spitzenzeiten
• Beim Hersteller Bereitschaftsdienst an Wochenenden
• Online-Anbindung an Lager des Herstellers zur sofortigen Abfrage der Lieferfähigkeit
• Kostenfreie 0800-Rufnummer für Händler

Praxisbeispiele für optimierte Prozesse

Nachdem Produkt eingesetzt wurde
• Telefonische After-Sales-Service-Maßnahmen
• Hilfe beim Aufbau einer Kundendatenbank
• Entwicklung von Kontaktstrategien zum Endkunden
• Planungen zur Ausweitung des Flottengeschäfts in der nächsten Umrüstsaison
• Empfehler-Strategien mit Hilfe bestehender Kunden aufbauen
• Wirtschaftlichkeitsanalysen bei Endkunden, Ergebnisse als Argumentationshilfe für den Händler aufbereiten
• Software zur Analyse von Flottenbetreibern

2. *Ansätze zur Prozeßoptimierung im Verhältnis Handel – Endkunden am Beispiel Möbelhandel*

Bevor Kunde kauft
• Beratung beim Kunden daheim
• Empfang des Kunden im Geschäft auch außerhalb der Öffnungszeiten
• VIP-Club und spezielle Lounge im Möbelhaus für Stammkunden
• Events mit internationalen Innenarchitekten und Designern
• Abstimmung aller Möbel auf das sonstige Interieur des Kunden
• Feng-Shui-Beratung beim Möbelkauf
• CAD-Programme mit 3-D-Bildanimation der in Frage kommenden Möbel in der Kundenwohnung
Bei Kauf und Auslieferung
• Finanzierungsangebot
• Altmöbelrücknahme und Entsorgung
• Auslieferung nur durch erstklassiges Fachpersonal
• Verkäufer bei Auslieferung mit anwesend

Nach dem Kauf
• Fünf Jahre Garantie auf alle gelieferten Teile • Nach vier Wochen Feinjustierung der Möbel (Türen/Schubladen etc.) • Literaturservice zum Thema Einrichtung • Kunden gestalten im Möbelhaus die Präsentationen der Möbel mit (Wettbewerb) • Aufarbeitung aller anderen Möbel im Haushalt, auch wenn nicht dort gekauft • Attraktives Prämiensystem bei Weiterempfehlung

3. *Ansätze zur Prozeßoptimierung im Verhältnis Industrie – Handwerk am Beispiel Heiztechnikgeräte*

Bevor Produkt eingesetzt wird
• Gemeinsame Zielgruppensuche • Entwicklung von Zielgruppenstrategien • Erstellung von Stärken-/Schwächen-Profilen im eigenen Betrieb • Erstellung von Stärken-/Schwächen-Profilen der Wettbewerber • Gemeinsame Suche nach Differenzierungsmöglichkeiten zu Wettbewerbern • Finanzierungskonzepte für das Geschäft mit dem Endkunden • Gemeinsame Mailingaktionen, anhand von Datenbanken • Seminare und Trainings zu Fachthemen • Seminare und Trainings zu Marketing- und Verkaufsthemen durch erstklassige Referenten • Jährliche Durchführung eines speziellen Branchenkongresses • Software zur Optimierung der internen Abläufe • Schulungen für die Partner der Inhaber

Praxisbeispiele für optimierte Prozesse

Während Produkt eingesetzt wird
• Technische Berater vor Ort verfügbar
• Außendienstmitarbeiter bei Ersteinsätzen mit anwesend
• Technische Hilfe bei der Einbringung schwerer Bauteile
• Baustellenablauf-Optimierung
• Sofortdienst bei Montageproblemen vor Ort
• Inbetriebnahme, falls gewünscht, durch Mitarbeiter
• des Lieferanten
• Verpackungsentsorgung durch den Lieferanten
• Planung der gesamten Baustellenlogistik
• durch den Hersteller
• Just-in-Time-Lieferung der Produkte, keine Zwischenlagerung beim Handwerker erforderlich
• Bereitstellung von Spezialwerkzeugen durch den Hersteller
• Bereitstellung von Fachpersonal zur Abdeckung von Nachfragespitzen
• Kostenfreie 0800-Rufnummer für Kunden
Nachdem Produkt eingesetzt wurde
• Bereitstellung von kompletten Wartungskonzepten
• Gemeinsame Überwachung des Lebenszyklus der Produkte
• Hilfestellungen, um Zusatzverkäufe (Solar/Wärmepumpen zu tätigen
• Hilfe beim Aufbau einer Empfehler-Strategie
• Software zum Aufbau einer Kundendatenbank
• Permanente Weiterbildung aller Mitarbeiter in eigenen Schulungszentren
• Hilfe bei der Organisation von Kundenevents
• Fernwartung durch Hersteller möglich
• Kompletter Service auf Wunsch vom Hersteller durchgeführt

4. *Ansätze zur Prozeßoptimierung im Verhältnis Handwerker – Endkunden am Beispiel Heizungsbauer*

Bevor Produkt eingesetzt wird
• Analyse der monatlichen Heizungskosten durch PC-Programme
• Errechnung des Einsparpotentials
• Prüfung, ob Heizungsanlage den neuesten gesetzlichen Vorschriften entspricht
• Beratung bei Kunden vor Ort
• Erarbeitung des Angebots gemeinsam mit dem Kunden
• Persönliche Überreichung des fertigen Angebots
• Herstellerunabhängige Erläuterung der möglichen Alternativen
• Beratung bei alternativen Wärmearten
• Angebot eines attraktiven Finanzierungskonzepts der neuen Heizanlage
Während Produkt eingesetzt wird
• Einheitliches, vertrauenswürdiges Erscheinungsbild der Mitarbeiter
• Blitzblanke, hochsaubere Baustelle
• Sofortige Behebung von Schäden, die eventuell bei der Montage entstehen
• Heizraum wird (im Preis inbegriffen) frisch gestrichen
• Sorgfältige Einweisung mit allen Haushaltsmitgliedern
• Individuelle Programmierung der Anlage
• Kürzester Baustellenablauf gewährleistet
• Montage in der Urlaubszeit des Kunden möglich
• Fachgerechte Verpackungs- und Bauschuttentsorgung

Praxisbeispiele für optimierte Prozesse

Nachdem Produkt eingesetzt wurde
• 24 Monate Wartung kostenfrei gewährleistet • 24-Stunden-Notdienst, rund um die Uhr für den Kunden erreichbar (kein Band!!) • 24 Monate lang zehn Prozent Rabatt auf den Energiebezug • Wartungsverträge über 24 Monate hinaus • Automatische Prüfung der gesamten Anlage vor Schornsteinfegerbesuch • Regelmäßige Informationen zum Thema Haustechnik • Angebot, den Vollservice für die gesamte Haustechnik zu übernehmen • Auswertung und Analyse der angefallenen Energiekosten • Hohe Kulanz bei eventuell auftretenden Schäden

5. *Ansätze zur Prozeßoptimierung im Verkauf von Herstellern an Dienstleister am Beispiel EDV für Steuerberater*

Bevor Produkt eingesetzt wird
• Professionelle Hilfestellungen bei der Entwicklung der Kanzleipolitik • Professionelle Hilfestellung bei der Entwicklung der Mandantenpolitik • Professionelle Hilfestellung bei der Entwicklung der Honorarpolitik • Gemeinsame Suche nach Möglichkeiten zur Steigerung der Kernkompetenz • Erstellung von Imagebroschüren • Hilfe bei der Einrichtung der Kanzlei • Optimierung der Arbeitsabläufe in der Kanzlei • Regelmäßige Kongresse und regionale Info-Veranstaltungen zu aktuellen Themen • Datenbankservice in allen relevanten Bereichen • Hilfe bei Benchmarking-Aktivitäten

Während Produkt installiert wird
• Einrichtung durch professionelle Berater vor Ort • Schulung der Mitarbeiter vor Ort • Hotline-Service kostenfrei • Zeitlich begrenzte Probestellung von Softwarelösungen möglich • Statt einmaliger Zahlung der Programme kleine, überschaubare monatliche Überlassungsgebühren • Suche nach Möglichkeiten, die Software noch gewinnbringender einzusetzen • Nicht regelmäßig benötigte Programme sind zeitlich begrenzt erhältlich • Kostenfreie 0800-Rufnummer vorhanden
Nachdem Produkt installiert wurde
• Fernwartung durch Lieferanten • Online-Anbindung zwischen Steuerberater und Hersteller • Gemeinsame Suche nach neuen, gewinnbringenden Mandanten • Seminare, um bessere Honorare zu realisieren • Gemeinsame Planung von Personalentwicklungsmaßnahmen • Hilfe beim Aufbau einer Empfehler-Strategie • Regelmäßige Anwender-Meetings zur Optimierung der Softwarelösung • Benutzung des eigenen Rechenzentrums möglich • Vertretung des Berufstandes bei Gesetzgebern etc.

6. Ansätze zur Prozeßoptimierung im Verkauf von Dienstleistern an Händler am Beispiel eines Küchenfachhandelsverbands

Bevor Produkte eingesetzt werden
• Ist-/Soll-Analyse der Ausgangssituation
• Erstellung eines Anforderungsprofils
• Finanzierungsberatung, Hilfe durch eigene Hausbank
• Innenarchitektonische Beratung bei Ausstellungsgestaltung
• Besondere Einkaufskonditionen bei Industrie
• Vorfinanzierung der Ausstellungsküchen
• Technische Beratung bei Planung und Konstruktion
• Kostenfreie 0800-Rufnummer für die Händler
• Jahreskongreß mit Top-Informationen und internationalen Top-Referenten
• Software zur CAD-Erstellung der Küchenpläne
Während Produkte eingesetzt werden
• Lagerung und Kommissionierung
• Koordination bei eventuellen Renovierungsarbeiten
• Bauleitung bei Renovierung
• Montagebetreuung durch geschulte Experten
• Gesamte Zahlungsabwicklung mit der Industrie
• Gesamte Zahlungsabwicklung mit dem Endkunden
• Vorfinanzierung durch Ankauf der Forderung an den Endkunden (Factoring)
• Rücknahme aller Verpackungen
• Gesamte Logistik und Auftragskoordination
• Detaillierte Installationspläne für Elektro- und Sanitärbereich

Nachdem Produkte eingesetzt wurden
• Übernahme des Kundendienstes • Dokumentation des Endkunden und seines Anforderungsprofils • Suche nach weiteren Umsatzchancen beim Endkunden • Recycling der Verpackungen • Einweisung an den Möbeln • Einweisung an den Elektrogeräten • Gemeinsame Endabnahme • Telefonische Nachbetreuung des Endkunden bei Anwenderfragen • Endreinigung der Küche • Übernahme und Koordination aller Garantiearbeiten

Dem Fluch der Gleichheit entrinnen

Die oben geschilderten Fälle zeigen natürlich nur Ausschnitte der gesamten Prozeßoptimierungsstrategie und gehen in den Details noch viel weiter, als ich hier beschreiben kann und natürlich auch darf, denn dabei handelt es sich ja um Wettbewerbsvorsprünge, die keiner so gerne freiwillig preisgibt.

Weitere Vorteile dieser gesamten Strategien der Prozeßoptimierung sind für die Unternehmen, die dies durchführen:

- Die Unternehmen sind durch die Prozeßorientierung der Angebote nicht oder nur sehr schwer mit Wettbewerbern vergleichbar. Ein direkter Preisvergleich ist nicht ohne weiteres möglich.
- Der Kunde erhält immer mehr, als er wirklich erwartet, und ist somit nicht nur zufrieden, sondern begeistert.
- Begeisterte Kunden empfehlen Sie weiter, und das, was Sie an Werbeaufwendungen einsparen, können Sie in die Optimierung Ihrer Strategie investieren.

Hilfen über das Produkt hinaus anbieten

In der Zeitschrift „Capital", Ausgabe Nr. 11/98, ist auf Seite 300 ein Bericht abgedruckt, der unter der Überschrift „Mehr als Rabatte" die Kostensituation im Krankenhaus aufzeigt. Ich zitiere: „Zwei Drittel aller Rationalisierungsreserven schlummern in Einkaufsmanagement und Logistik.

Das fand eine Studie des Zentrums für Krankenhausmanagement in Münster heraus. Es reicht nicht, Rabatte bei Herstellern und Lieferanten auszuhandeln. Die interne Organisation muß umgestrickt werden. Das beginnt beim Lager und setzt sich fort in der Station: nicht umständlich Formulare ausfüllen, besser elektronisch ordern. Weitere kostenträchtige Arbeiten: Transport von Material in den Operationssaal, auspacken, entsorgen. Nichts für Hiwis.

Ohne Beschaffungsmanagement mit dem Wissen um die Klinikabläufe bleibt Kostensparen ein frommer Wunsch. Wundersame Preisexplosion: Eine 10-ml-Spritze kostet acht Pfennige – ab Werk. Bis zum Einstich werden daraus vier DM – durch den Aufwand des gesamten Handling im Haus.

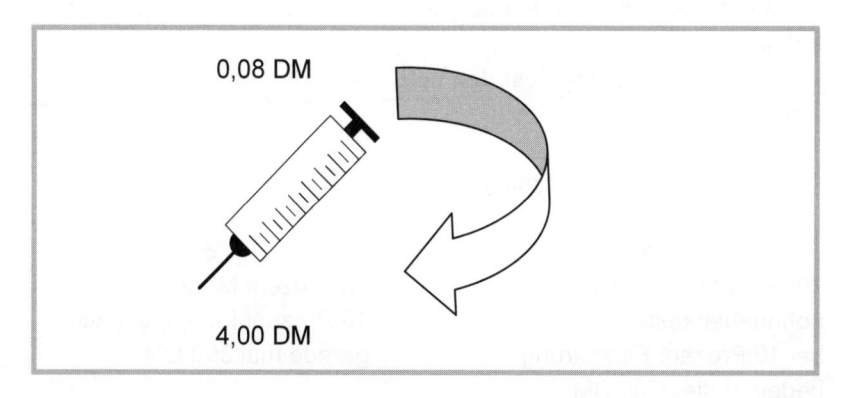

```
0,08 DM

4,00 DM
```

Anderes Beispiel: Die tägliche Flasche Mineralwasser für den Patienten kostet im Einkauf 65 Pfennige. Bis zum ersten Schluck werden daraus fast 13 DM. Weil die Organisation nicht stimmt."

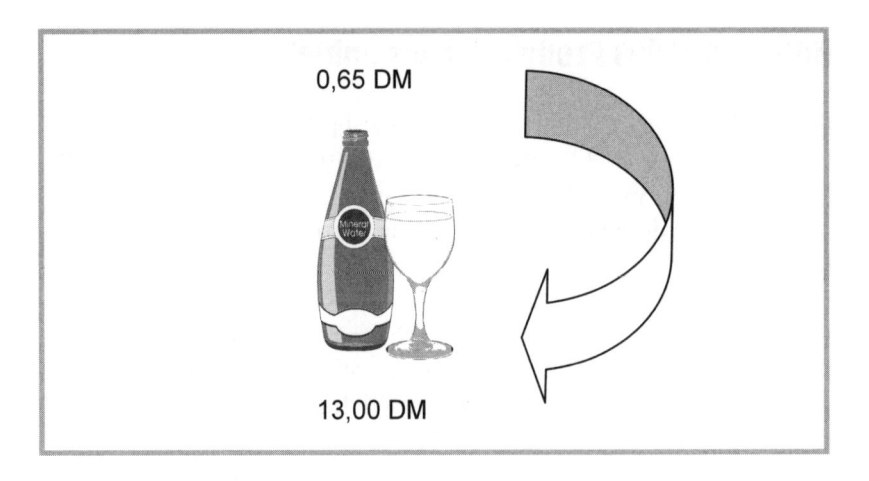

Die Ausschöpfung des Prozeßoptimierungspotentials

```
           0,65 DM


          [Flasche und Glas]


          13,00 DM
```

Wenn Sie zufällig Lieferant dieser Produkte sein sollten, haben Sie sicher Ihren Weg erkannt und werden sofort Hilfestellungen anbieten, um diese Misere besser in den Griff zu bekommen.

Das ist sicher kein Einzelfall, im Gegenteil: Überall in der Industrie und im Handel warten diese Prozeßoptimierungspotentiale darauf, daß sie jemand in den Griff bekommt und somit im Sinne einer echten Partnerschaft wesentlich mehr bietet als nur Produkte und Rabatte.

In vielen Bereichen sieht das Verhältnis von Lohn zu Materialkosten so aus:

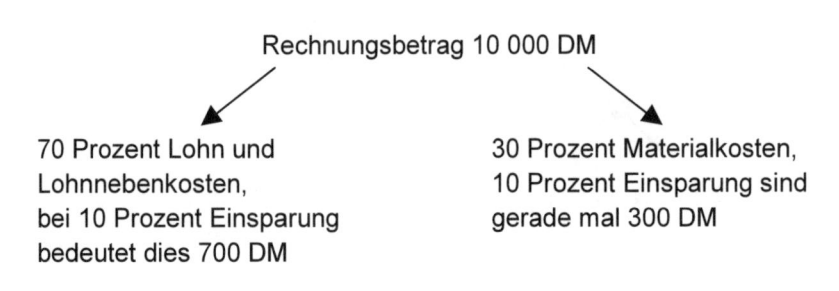

Rechnungsbetrag 10 000 DM

70 Prozent Lohn und Lohnnebenkosten, bei 10 Prozent Einsparung bedeutet dies 700 DM	30 Prozent Materialkosten, 10 Prozent Einsparung sind gerade mal 300 DM

Sie sehen also, daß es sich sogar lohnen würde, ein Produkt zu kaufen, daß 20 Prozent teurer wäre, wenn durch bessere Prozeßgestaltung 10 Prozent Lohnkosten eingespart würden. Der alte Satz: „Im Einkauf liegt der Gewinn" hat heute in vielen Bereichen keine Gültigkeit mehr. Der Gewinn liegt in der Gestaltung und Schaffung von effizienteren Prozessen und in der Logistik verborgen. Da müssen wir ansetzen und unsere Hilfestellungen geben.

Vieles spricht dafür, daß dieser Trend des Outsourcing von kompletten Prozessen immer weiter voranschreitet. So werden zum Beispiel schon komplette Chemieanlagen nicht nur von einem Hersteller geliefert, sondern auch von diesem betrieben mit allen dazugehörenden Prozessen und Abläufen.

Peter Dussmann ist Chef des größten deutschen Servicekonzerns. Er geht den Weg, seinen Auftraggebern komplette Prozesse abzunehmen bzw. auszulagern, seit er 1963 mit einem Kredit von 2 000 DM und einer kleinen Putzkolonne in München begann. Heute beschäftigt er in 22 Ländern 37 000 Menschen und setzt 1,6 Milliarden DM mit offenkundig guten Erträgen um. Zur Leistungspalette seines Unternehmens gehören mittlerweile über 250 Berufe, Putzkolonnen, Wachdienste, Werksfeuerwehren, ganze Cateringbereiche usw. Seit einiger Zeit führen seine Mitarbeiter sogar komplette Altenheime und Kliniken.

Als weiteres Beispiel erzielt Siemens schon heute einen großen Teil der Wertschöpfung durch Dienstleistung. Langfristige Service- und Betreiberverträge machen somit den Verkauf einer Anlage zum permanenten Anschlußauftrag. Der Betrieb eines Verwaltungsgebäudes aus einer Hand (facility management) erzielt über die gesamte Lebensdauer des Gebäudes fünfmal soviel Wertschöpfung wie der Bau. Große Bauunternehmungen sind schon heute dazu übergegangen, nicht nur die Finanzierung des Bauvorhabens, sondern auch den späteren Betrieb der gesamten Infrastruktur zu übernehmen. Ganz gleich um was es sich handelt, ob Bürogebäude, Flughäfen, Dienstwagenflotten, Kanalisationssysteme oder ganze Kraftwerke, überall bestehen die Chancen, nicht nur das reine Produkt zu liefern, sondern das gesamte Umfeld zu managen und zu betreiben.

In Bonn übertrugen zum Beispiel die Rheinischen Kliniken den gesamten Energiehaushalt der Firma ROM-Contracting, sie sparen dadurch jährlich 400 000 DM.

Man könnte hier den amerikanischen Begriff „from the cradle to the grave" (deutsch: „von der Wiege bis zur Bahre"), verwenden. Das bedeutet, daß ein Produkt nicht mehr erstellt oder bereitgestellt wird, sondern daß es über die gesamte Lebensdauer hinweg betreut wird.

Die Botschaft all dieser weiteren Maßnahmen rund um die Produkte liegt darin, daß die anbietenden Unternehmen nicht mehr direkt vergleichbar sind, sondern durch den kompletten Service einen wesentlich höheren Mehr-Wert bieten als alle anderen Anbieter, die sich nur auf die Produkte konzentrieren.

Keine Scheu vor dem Alleingang

Es gab und es gibt immer einige wenige, die am Anfang als verrückt bezeichnet wurden, weil sie die Geschäfte ganz anders betrieben, als dies bislang der Fall war. Natürlich wäre es für alteingesessene Betriebe oft „Wasser auf die Mühlen", wenn solche Strategien schiefgingen, denn dann bräuchten sie ja nichts zu befürchten und könnten weiter ihren „alten Trott" fahren.

Aber in vielen Fällen ist es ganz anders. Da schlagen neue Ideen und Angebote, die – und das ist eine wichtige Voraussetzung – mit vollem Engagement durchgezogen werden, im Markt ein wie der Blitz und stellen alle bislang geltenden Gesetze auf den Kopf.

Solche Beispiele haben wir bei Ikea, Media-Markt, Sixt, Kärcher, Gore, Bang und Olufsen, bei Peter Dussmann mit seinem Unternehmen Pedus und bei vielen anderen immer wieder erlebt. Selbstverständlich waren die strategischen Grundausrichtungen völlig unterschiedlich und zielten nicht immer auf Mehr-Werte ab. Doch sie waren erfolgreich und revolutionär.

Wie wird der nächste Schritt auf dem Weg zur Evolution aussehen, oder darf es vielleicht sogar die schnellere Form der Evolution, die Revolution, in Ihrem Unternehmen sein?

Zum Schluß dieses Kapitels ein harter, aber wahrer Spruch zum Thema:

> Wer nicht mit der Zeit geht, der geht mit der Zeit.

Setzen Sie alles daran, um mit der Zeit zu gehen und den Anforderungen des neuen, veränderten Marktes gerecht zu werden.

Zeigen Sie Ihren Mut, neue und unkonventionelle Wege zu beschreiten.

Checkliste

- Kennen Sie alle Arbeitsabläufe beim Kunden, in die Ihr Produkt eingebunden ist?

  _____

  _____

- Welche „Kleinigkeiten" können Sie in diesen Prozessen verbessern?

  _____

  _____

- Wie sehen Sie Ihren Kunden: als Einmalkunden, oder als 110 000-DM-Kunden, der Sie aktiv weiterempfiehlt?

  _____

  _____

- Was tun sie, um durch die Prozeßoptimierungshilfen der Vergleichbarkeit zu Ihren Wettbewerbern zu entkommen?

  _____

  _____

> **Checkliste** *(Fortsetzung)*
>
> - Wie oft zeigen Sie Ihren Gesprächspartnern, daß nicht im Einkaufspreis, sondern in der besseren Logistik der Gewinn liegt?
>
> _____
> _____
>
> - Welche neuen und ungewöhnlichen Wege wollen Sie mit Ihrem Unternehmen gehen, um den Gedanken der Prozeßoptimierung voranzutreiben?
>
> _____
> _____

4.5 Die innerbetrieblichen Voraussetzungen schaffen

Hermes Trismegistos, das war die griechische Bezeichnung des ägyptischen Gottes Thot, galt als Urheber aller Bildung, Künste und Wissenschaften. Ihm werden die Worte zugeschrieben:

> Wie oben, so unten, wie innen, so außen.

Dieser Ausspruch scheint auf den ersten Moment ziemlich unspektakulär. Genauer betrachtet, erkennen wir jedoch folgendes dahinterstehendes Prinzip: Nur wenn ich die inneren Prozesse in meinem Unternehmen selbst im Griff habe, kann ich mich der äußeren Prozeßorientierung bei meinen Kunden widmen.

Zuerst müssen wir uns also die Frage stellen, ob diese inneren Prozesse alle so optimiert sind, daß es auch nach außen beeindruckend wirkt. Diese Optimierung ist natürlich nicht damit getan, daß ein Unternehmen nach ISO 9000 zertifiziert ist und diesen Stempel von nun an tragen darf. Die echte Prozeßorientierung muß gelebt werden, denn erst dann wird sie von den Kunden positiv registriert.

Wenn ein Unternehmen heute meint, es müsse die Prozesse seiner Kunden zu seinem Anliegen machen und bei der Suche nach Optimierungspotentialen behilflich sein, dann wird es zu einer Farce, wenn es selbst nicht in der Lage ist, diese Gedanken intern mit Leben zu erfüllen.

Deshalb gilt es, an dieser Stelle sorgfältig und systematisch abzuchecken, wie sich der gesamte Prozeß der Kundenbetreuung in Ihrem Unternehmen gestaltet und wo sofort der Hebel angesetzt werden muß, um zu optimieren. Grundsätzlich geht es darum, die nachfolgenden Bereiche zu optimieren:

Allgemeine Kommunikationsregeln für den Umgang mit Kunden

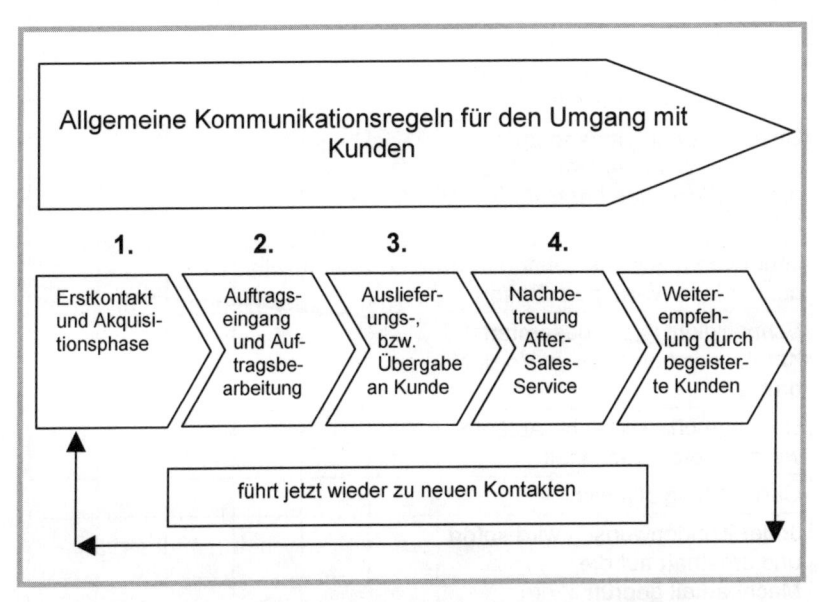

1. Erstkontakt und Akquisitionsphase
2. Auftragseingang und Auftragsbearbeitung
3. Auslieferungs-, bzw. Übergabe an Kunde
4. Nachbetreuung After-Sales-Service

Weiterempfehlung durch begeisterte Kunden

führt jetzt wieder zu neuen Kontakten

Abb. 15: Die Optimierung der Kundenbetreuung als Prozeß

Sie finden nachfolgend die Checkliste zu den allgemeinen Kommunikationsregeln sowie zu den Bereichen 1 bis 4:

Die Ausschöpfung des Prozeßoptimierungspotentials

Allgemeine Kommunikationsregeln für den Umgang mit Kunden

Regeln	1	2	3	4	5	6
Wir haben immer beste Laune						
Wir sind geprägt von unserem positiven Selbst- und Weltbild						
Jeder Kunde wird mit einem Lächeln, auch am Telefon, begrüßt						
Jeder fühlt sich verantwortlich, wenn ein Telefon klingelt						
Kunden werden unverzüglich zurückgerufen						
Informationen über Kunden werden zeitnah an alle relevanten Stellen weitergeleitet						
Unser interner Umgang untereinander ist von einem Ziel geprägt: „Wir wollen begeisterte Kunden"						
Jeder von uns leistet seinen Teil dazu, Mehr-Werte zu schaffen						
Schnelligkeit in der gesamten Kommunikation steht im Vordergrund						
Unnötige bürokratische Abläufe werden sofort gecancelt						
Geht nicht, gibt's nicht						
Jeder Kundenwunsch wird sofort und ernsthaft auf die Machbarkeit geprüft						
Wir wissen: „In der Ruhe liegt die Kraft"						
Jeder Ansprechpartner hat fachliche und sachliche Kompetenz						

Die innerbetrieblichen Voraussetzungen schaffen

Erstkontakt und Akquisitionsphase

Regeln	1	2	3	4	5	6
Jeder Kundenanfrage wird gewissenhaft und schnell nachgegangen						
Jeder Kunde hat angeforderte Unterlagen oder Muster nach spätestens zwei Tagen vorliegen						
Angeboten wird innerhalb einer Woche nachtelefoniert						
Lieferfähigkeit wird mit Erstellung des Angebotes sofort geprüft						
Produkte aus dem Angebot werden vorsorglich für Kunden reserviert						
Die Abstimmung über neue Kunden zwischen Außen- und Innendienst erfolgt sofort und präzise						
Zum Kunden herrscht ein einheitlicher Zeichenvorrat und Kommunikationscode, sowohl vom Außen- als auch vom Innendienst						
Jeder Kunde wird in seinem Kontaktwunsch von Anfang an emotional bestätigt (Wir FREUEN uns über Ihre Anfrage)						

Auftragseingang und Auftragsbearbeitung

Regeln	1	2	3	4	5	6
Ein intelligentes Telefonsystem zeigt vor dem Klingeln, wer jetzt gerade anruft						
Der Kunde wird mit seinem Namen begrüßt (man kennt mich)						
Die Kundenakte erscheint mit dem Klingeln auf dem Bildschirm						
Der Kundenname ist wichtiger als seine Kundennummer						
Wir bedanken uns herzlich für den Auftragseingang						
Wir sichern schnelle und prompte Bearbeitung zu						
Wir versuchen sofort, den Auftrag zu erweitern, um Kundenvorteil zu erzielen (Abnahme einer ganzen Palette mit 24 Kartons statt 20 Kartons etc.)						
Wir informieren sofort den Außendienst über den Auftragseingang						
Wir können dank guter EDV am Bildschirm sofort den Liefertermin sehen und eine konkrete Lieferzusage machen						
Geht nicht, gibt's nicht						
Sonderwünsche des Kunden werden sofort auf Realisierbarkeit geprüft						

Die innerbetrieblichen Voraussetzungen schaffen

Ware wird – gerade beim Erstauftrag – noch einmal persönlich auf Vollständigkeit geprüft						
Wir erkundigen uns nach der Erledigung des aktuellen Auftrags, ob wir noch etwas für den Kunden tun können						

Auslieferung, bzw. Übergabe an Kunden

Regeln	1	2	3	4	5	6
Die Auslieferung erfolgt pünktlich oder gegebenenfalls noch vor dem vereinbarten Termin (mehr halten als versprechen)						
Der Fahrer ist über die Besonderheiten beim Neukunden informiert						
Der Fahrer hat eine Wegbeschreibung, um wirklich pünktlich dort zu sein						
Der Fahrer weiß, daß auch er ein Verkäufer des Unternehmens ist, und verhält sich dementsprechend						
Das Äußere unserer Fahrzeuge oder der Fahrzeuge eingesetzter Speditionen entspricht unserem Mehr-Wert-Denken						
Das Äußere unserer Fahrer oder der Fahrer der eingesetzten Speditionen entspricht unserem Mehr-Wert-Denken						

Die Ausschöpfung des Prozeßoptimierungspotentials

Dem Fahrer ist es nicht zuviel, die Ware an den vom Kunden geforderten Platz zu bringen						
Ein intelligentes Approach-System zeigt uns per Mobilfunk, wann die Ware angekommen ist und wer sie in Empfang genommen hat						
Der Innendienst erkundigt sich sofort nach Auslieferung beim Kunden, ob alles in Ordnung ist						
Auch alle Monteure verhalten sich im Sinne des Mehr-Wert-Denkens						
Überflüssige Verpackungen werden unaufgefordert wieder mitgenommen						

Nachbetreuung und After-Sales-Service

Regeln	1	2	3	4	5	6
Ein Mitarbeiter unseres Hauses ist beim Ersteinsatz der Produkte anwesend						
Technische Berater sind über den neuen Kunden informiert und stehen auf Abruf zur Verfügung						
Produktmanager sind über den Kunden informiert und stehen für alle Fragen des Kunden zur Verfügung						

Die innerbetrieblichen Voraussetzungen schaffen

Der Kunde hat *einen* direkten Ansprechpartner (nicht vormittags Herrn Müller, nachmittags Frau Maier)						
Der Kunde hat die direkte Durchwahl zu diesem Ansprechpartner						
Der Innendienstansprechpartner besucht mit dem Außendienst die bedeutenden Kunden mindestens einmal im Jahr						
Wir erkundigen uns beim Kunden nach seiner Zufriedenheit/Begeisterung, *ohne ihn dabei zu nerven*						
Die Mitarbeiter der Kundendienst- und Wartungsabteilung haben alle Daten über den Kunden verfügbar						
Die Mitarbeiter der Kundendienst- und Wartungsabteilung verhalten sich wie Verkäufer und bestätigen den Kunden in seiner Kaufentscheidung						
Die Mitarbeiter der Kundendienst- und Wartungsabteilung versuchen aktiv, Zusatzgeschäfte beim Kunden zu tätigen						

Sie sehen also, wie komplex die Aufgabenstellung ist, die internen Prozesse so zu optimieren, daß der Kunde wirklich spürt, daß er es bei Ihnen mit absoluten Profis zu tun hat.

Erst wenn das alles sehr gut funktioniert, können Sie sich dem Thema: „Optimierung der Prozesse bei unseren Kunden" zuwenden.

Betrachten Sie Ihre Kunden ab und zu einmal aus dieser Umsatz-Wert-Brille, wie bei dem Hotelbeispiel zuvor beschrieben. Prüfen Sie, ob Sie mit diesem Kunden auch wirklich so umgehen, wie es sein Stellenwert im Sinne der Bedeutung für Ihr Unternehmen erfordert.

Team statt Abteilung

Corporate Identity ist eine tolle Sache, und viele Firmen investieren Millionenbeträge, um diese einheitliche Erscheinung nach außen zu gewährleisten. Wie sieht es aber mit dem Corporate Spirit, dem geeinten Geist, im Unternehmen aus? Herrscht da auch überall die gleiche Denkweise im Hinblick auf den Kunden und das Ziel, ihn zu begeistern? Oder besteht zwischen dem Idealbild und der Realität ein gewaltiger Unterschied?

In den meisten Firmen existieren verschiedene Abteilungen, die sich unterschiedlichen Aufgabenstellungen widmen. Und genau mit dem Wort Abteilung beginnt oft das ganze Dilemma. Dieses Wort erschließt uns seine volle Bedeutung erst dann, wenn wir es einmal mit einem Trennstrich geschrieben anschauen, also Ab-teilung, denn dann sehen wir, daß da etwas ab-geteilt ist, also vom Ganzen getrennt. In diesen Abteilungen sitzen ja auch Fach-leute, also Leute, die in einem Fach, in ihrem Fach, denken und meist dabei vergessen, daß es auch noch größere Zusammenhänge gibt. Bildhaft dargestellt sieht ein Unternehmen ungefähr so aus:

Geschäftsleitung	Versand	Buchhaltung
Vertrieb	Produktion	Einkauf
Kalkulation	Kundendienst	Sachbearbeitung
Forschung	Qualitätskontrolle	Kundendienst

Nehmen wir als Beispiel die Mitarbeiter vom Kundendienst heraus. Wenn diese sich geistig nur in ihrem Fach bewegen, machen sie es sich recht ein-fach mit ihrer Aufgabe. Und die Konsequenz? Kein Informationsaustausch, keine Abstimmung, keine Querinformationen usw. Das kann dann einen Kunden sehr schnell verärgern und dazu führen, daß er enttäuscht ist und auch nicht einsieht, warum er einen

Mehr-Preis zahlen soll. Im Gegenteil, vermutlich wird er bei der nächsten Gelegenheit seiner Verärgerung Luft machen und einen entsprechenden Nachlaß fordern.

Welches muß also das Ziel sein? Eine Vision, die so stark ist, daß sie es schafft, etwas zu ent-fachen, nämlich eine neue Denkweise mit einem neuen Ziel: „Wir wollen unseren Kunden begeistern."

Das Bild des Unternehmens könnte nun so aussehen:

Unser gemeinsames Ziel: Begeisterte Kunden

Geschäftsleitung	Versand	Buchhaltung
Vertrieb	Produktion	Einkauf
Kalkulation	Kundendienst	Sachbearbeitung
Forschung	Qualitätskontrolle	Kundendienst

Nun reden wir auch nicht mehr von Ab-teilungen, sondern es wurde ein Teamgedanke ent-facht. Wir sind einzelne Teams von Spezialisten, die ihre Arbeit mit einer gemeinsamen Zielsetzung erfüllen und dabei alle wichtigen Informationen regelmäßig austauschen. Als sehr sinnvoll hat es sich in vielen Unternehmen erwiesen, eine Art Job-Rotation einzuführen, damit jeder auch die Aufgaben und Anforderungen der Kollegen aus den anderen Teams einmal kennenlernt und dadurch in der Lage ist, vernetzt zu denken und die größeren Zusammenhänge, die hinter den einzelnen Vorgängen stehen, zu erkennen.

Natürlich handelt es sich bei all den vorgenannten Maßnahmen um einen Prozeß. Prozesse können nie von „jetzt auf nachher" umgesetzt werden, sondern es braucht schon etwas Zeit, bis dieses neue Denken in allen Köpfen verankert und bis die ersten Handlungen, also Aktionen, bei den Kunden die ersten Reaktionen auslösen. Und genau dann fängt die ganze Sache an, viel Spaß zu machen. Sie werden sehen, bald sind auch Sie von diesem Mehr-Wert-Virus befallen und könne nicht mehr davon lassen. Denken Sie daran:

> **Der längste Weg beginnt mit dem ersten Schritt.**

Checkliste

- Wie gut haben Sie selbst Ihre internen Prozesse im Griff?

- Geht der gesamte Prozeß der Auftragsbearbeitung und Abwicklung mit Ihren Kunden reibungslos und logisch vonstatten?

- Merken Ihre Kunden bei jeder Gelegenheit, daß Sie intern absolute Profis sind?

- Welchen Raum geben Sie persönlich diesem neuen Denken?

- Wann gehen Sie den ersten Schritt auf diesem neuen Weg?

Schlußwort

Es ist nicht einfach und nicht leicht, doch es funktioniert, Mehr-Wert-Wünsche der Kunden zu erkennen und dann zu realisieren. Wäre das anders, dann könnte es ja jeder.

Einige Unternehmen in der deutschen Industrie, im Handel, im Handwerk und in der Dienstleistung zeigen täglich, daß es funtioniert, höhere Preise am Markt durchzusetzen. Sie haben sich Gedanken darüber gemacht, wie und wo Mehr-Werte geschaffen werden können. Sie sind besessen davon, Mehr-Werte auf Schritt und Tritt zu generieren. Der Markt und die Ergebnisse zeigen ihnen, daß sie auf dem richtigen Weg sind.

In allzu vielen Unternehmen ist man jedoch stark mit sich selbst beschäftigt und vergißt darüber den Kunden und seine Bedürfnisse. Kein Wunder, daß diesen Unternehmen aus dem gesamten Marketingmix oft nur noch ein Baustein, nämlich der niedrige Preis, übrigbleibt. Und der geht langfristig zu Lasten der Kunden. Keinem ist damit auf Dauer gedient.

- Es funktioniert, Mehr-Werte durch die eigene Preissolidarität zu realisieren.
- Es funktioniert, Mehr-Werte durch die innere Begeisterung der Mitarbeiter von sich selbst, ihren Produkten, ihrem Unternehmen und den Kunden zu schaffen.
- Es funktioniert, Mehr-Werte durch emotional starke Beziehungen zu den Kunden durchzusetzen.
- Es funktioniert, Mehr-Werte durch das Denken in Prozessen zu generieren.

Erfolg ist nicht kausal, sondern er ist das Ergebnis aus der Summe der einzelnen oben genannten Prozesse, die miteinander vernetzt sind.

Schlußwort

Nur wenn Sie gute Preise am Markt realisieren können, verfügen Sie und Ihr Unternehmen auch über gute Gewinne. Diese guten Gewinne brauchen Sie heute mehr denn je zuvor, um neue Produkte zu erforschen, um Prozesse zu optimieren und um in zukunftsweisende Projekte zu investieren. Gewinne sind nun einmal der Sauerstoff eines jeden Unternehmens. Gewinne sind volkswirtschaftlich ein unumstößliches Erfordernis.

Aber die Schritte dazu müssen getan werden. Der Mehr-Wert-Gedanke muß sich in die Köpfe einnisten, und die Handlungen müssen parallel dazu verlaufen. Es müssen die richtigen Weichen zur rechten Zeit gestellt werden. Lao Tse in seinem „Tao te king", dem Buch der Weisheiten:

> **Der längste Weg beginnt mit dem ersten Schritt**

Gehen Sie den ersten Schritt auf diesem Weg. Es lohnt sich – nicht nur für Sie, sondern auch für Ihr Unternehmen und Ihre Kunden. Gerne möchte ich mit einem Ausspruch schließen, den ich von Gerhard Schröder neulich hörte: „Wann, wenn nicht jetzt? Wer, wenn nicht wir? Wo, wenn nicht hier?"

Viel Erfolg und vor allen Dingen viel Spaß dabei wünscht Ihnen

Ihr Josua Fett

Literaturverzeichnis

Detroy, Erich Norbert: Wie man mit Brief, Telefon und Erstbesuch neue Kunden systematisch und dauerhaft gewinnt. 8. Auflage. Landsberg am Lech, 1997.

Detroy, Erich Norbert: Sich durchsetzen in Preisgesprächen und Preisverhandlungen. 9. Auflage. Landsberg am Lech, 1997.

O'Toole, James: Leading Change. Overcoming the Ideology of Comfort and the Tyranny of Custom. San Francisco, 1995.

Peseschkian, Nossrat: Der Kaufmann und der Papagei. Orientalische Geschichten als Medien in der Psychotherapie. Mit 100 Fallbeispielen zur Erziehung und Selbsthilfe. 21. Auflage. Frankfurt, 1997.

Peters, Tom: Der Innovationskreis. Ohne Wandel kein Wachstum – wer abbaut, verliert. Düsseldorf, 1998.

Watzlawick, Paul: Anleitung zum Unglücklichsein. 17. Auflage. München, 1998.

Stichwortverzeichnis

A
After-Sales-Service, 139, 140, 141, 220
Akquisitionskosten, 198
Akquisitionsphase, 217
Analyse, 123
Anforderungen, 157
Antipathien, 89
Anziehungskraft, 84
Arbeitslosenzahlen, 29
Argumentation, reflektierende, 127, 133, 151
Argumentationsstrategie, 109, 113
Arroganz, 55
Artikelnummern, 163
Auftragsabwicklung, 20
Auftragsbearbeitung, 218
Auftragseingang, 218
Ausdrucksweise, 60
Äußerungen, 60
Autoverkäufer, 190

B
Baustellenlogistik, 133
Bedarf, 108
Bedürfnis, 108, 111, 123
Bedürfnisse, emotionale, 99
Begeisterung, 39, 51, 57, 61, 64, 82, 83
Begeisterungsanforderungen, 132
Begeisterungsvirus, 48
Begrüßungsfloskeln, 71
Begrüßungspaneel, 16
Benchmarking, 23
Bequemlichkeit, 109
Beschaffungsprozeß, 9
Bescheidenheit, 52, 54
Besucherparkplatz, 14
Beziehungen, emotionale, 87

Beziehungsnetz, 161
Bill Clinton, 9
Brainstorming, 81
BrandU, 61
Brille, negative, 28
Bundeswirtschaftsminister, 58

C
Clinton, Bill, 9
Computer Aided Selling, 65

D
Denkhaltung, 54
Denkweise, neue, 190
Deutsche Bahn, 130
Dialektik, 41
Dienstwagen, 83
Differenzierungsmerkmal, 173
Direktvertrieb, 80, 81
Distributoren, 7
Dussmann, Peter, 211

E
Ehrlichkeit, 77
Eifer, missionarischer, 42
Einkaufsmanagement, 209
Einkaufsprofi, 34
Einleitungsstrategie, 37
Einstellung, innere, 32
emotionale Bedürfnisse, 99
emotionale Beziehungen, 87
emotionale Intelligenz, 158
Erfolgsdruck, 29
Erfolgserlebnisse, 36, 40, 66, 67
Erfolgsgeschichten, 46

229

Stichwortverzeichnis

Erreichungscode, 126
Erstkontakt, 15, 217
Erwartungshorizont, 132
Erziehung, 54

F
Fackelträger, 161
Feigheit, 89
Finanzminister, 58
Fishing for Compliments, 74

G
Gandhi, Mahatma, 18
Geburtstagsdatei, 93
Gefühlsverfassungen, 68
geistige Hygiene, 59, 60
Geldvermögen in Deutschland, 10
Gemütszustände, 90
Gesamtlösung, 186
Gesichtszügen, 33
Gestik, 34, 39
Gewinner-Gewinner-Spiel, 181
Glaubenssätze, 48
Gleichgültigkeit, 38
Gleichheit, Fluch der, 208
Grundanforderungen, 132
Grundbedürfnisse, 109

H
Handel, 8
Handflächen, 39
Handlungsalternativen, 186
Hausverkäufer, 186
Herausforderung, 37
Hermes Trismegistos, 214
Hobbys, 94
Hochachtung, 90
Hochleistungspolitik, 30
Hochpreispolitik, konsequente, 30
Höchstleistung, 69
Höflichkeit, 89
Horrorstory, 27

Hygiene, geistige, 59, 60
Hygiene, körperliche, 60

I
Ich-GmbH, 142
Identifikation, innere, 41, 42
Information, 93
Informationsaustausch, 140
Informationsvermittlung, interne, 137
innere Einstellung, 32
innere Identifikation, 41, 42
Innovation, 109
Intelligenz, emotionale, 158
interne Informationsvermittlung, 137
ISO 9000, 22, 214

K
Karteikarten, 92
Kommunikationsregeln, 216
konsequente Hochpreispolitik, 30
Körperhaltung, 34, 38
körperliche Hygiene, 60
Körpersprache, 40
kreative Schuldverschiebung, 45
Kunde, Perspektive des, 157
Kunden, Detailinformationen über, 99
Kundenbetreuung, 215
Kundenbeziehung, 134
Kundendatei, zentrale, 92, 105
Kundendienst, 21
Kundenempfang, 14, 18
Kundenkontakt-Kette, 22
Kunden-Lieferanten-Verhältnisse, 199
Kundenmeinung, 180
Kundenprozesse, Durchleuchtung der, 180
Kundenwünsche, 156, 178

L
Lands' End, 77
Lebensphilosophie, 96
Lebensziel, 96

Produkt, Lebenszyklus eines, 140
Leistungen, gebotene, 194
Leistungsanforderungen, 132
Leistungsbild, 176
Lieferscheine, 163
Lopez, 29
Lufthansa, 130

M
Mahatma Gandhi, 18
Mailings, maßgeschneiderte, 140
Margen, 7
Marketing, 186
Marketingmix, 8
Marketingstrategie, 45
Massenprodukte, 23
Massenware, 61
Mehr-Wert-Argumentationskette, 154
Mehr-Werte, 7
Mehr-Wert-Potentiale, 22
Meinung, vorgefaßte, 74
Mimik, 34, 39
Mißstände, 89
Mißtrauen, 71, 78
Möbelverkäufer, 186
Mobilitätsexperte, 191
Moral, 77
Motivation, 48
Mystery-Shopping-Aktion, 152

N
Nachbetreuung, 220
Nachlässe, 89
negative Brille, 28
Negativstimmung, 73
Nutzen, 151, 155
Nutzenargumentation, logische, 158
Nutzenmerkmale, 154

O
Optimierungspotential, 56, 196
Optimismus, 35

P
Partnerschaft, 42
Patentlösung, 19
Perfektionismus, 82
Persönlichkeitsentwicklung, 57
Pokermentalität, 40
Power-Book, 66
Preisagenturen, 7
Preisaggressivität, 13
Preisdruck, 13
Preise, sinkende, 8
Preisgespräch, 42, 55, 74
Preiskrieg, 8
Preisspielchen, 40
Preisvergleiche, 7
Preis-Wert-Gleichgewicht, 20
Preiszugeständnisse, untragbare, 9
Prestige, 109
Prestigeprodukte, 10
Produkt, Situationsumfeld eines, 177
Produkte, standardisierte, 10
Produktinnovationen, 8, 173
Produktmanager, 84
Produktmerkmale, technische, 84
Produkt-Nutzenargumente, 170
Produktnutzentransportsysteme, 169
Produktqualität, 23
Produktumfeld, 30
Produktvorteile, 154, 157
Programmierung, 54
Projektabschluß, 15
Prophezeiung, sich selbst erfüllende, 72
Prozeßnutzen, 181
Prozeßoptimierung, 176, 187, 200, 201, 202, 204, 205, 207
Prozeßoptimierungspotential, 169, 181, 210
Prozeßoptimierungsstrategie, 208
Prozeßorientierung, echte, 215
Psychohygiene, 40

Q
Qualitätssicherung, 23

231

R

Rabatt, 29
Rationalisierungsreserven, 209
Reaktionstempo, 131
Rechnung, 163
Reklamation, berechtigte, 88
Respekt, 90
Rhetorik, 40
Roundtables, 177

S

Schlüsselmodell, 29
Schlüsselprofis, 114
Schlüssel-Schloß-Prinzip, 110
Schnelligkeit, 131
Schuldverschiebung, kreative, 45
Selbstbewußtsein, 52, 57
Selbsterkenntnis, 45
Selbstwertgefühl, 51
Selbstzweifel, 55
Service, 135, 173
Sicherheit, 109
Siegertreppchen, 69
Sitzposition, 41
Solidarität, 42
Spitzenleistungen, 30
Sprachcomputer, 164
standardisierte Produkte, 10
Standzeiten, 21
Startfragen, 158
Steuererhöhungen, 58
Steuerungsmechanismen, 113, 115
Stimme, 34
Stimmung, 34

T

Telefon, Begrüßung am, 36
Telefonverkäufer, 186
Tietz, Bruno, 9, 186
Trismegistos, Hermes, 214

U

Überraschungen, positive, 142
Umsatzwert, 198

V

Veränderungsprozeß, 172
Verhandlungspartner, 55
Verkäufer, 186
Versprechen, hochtrabende, 130
Versprechungen, 128
Verteilermentalität, 172
Vertrauen, 78, 90
Vertriebsmitarbeiter, 84
Videoaufnahmen, 55
Visitenkarten, 15
Visitenkartentausch, 71
Vorteile, 151, 155
Vortragsredner, 36

W

Wachstumsmärkte, 80
Wahrnehmung, selektive, 73
Wal-Mart, 178
Watzlawick, Paul, 72
Weitwinkelperspektive, 176, 186
Werbeunterstützung, 21
Werte, verborgene, 22
Wertesystem, 96
Wertschätzung, 154, 194
Wettbewerbsvorsprünge, 208
Wirtschaftlichkeit, 109
Wohlfühl-Service, 197
Workaholic, 98
Wortwahl, 34, 36
Wünsche, 157

Z

Zentraleinkäufer, 71
Zertifizierung, 22
Zweckpessimismus, 65
Zwei-fel, 32